Bibliothèque chrétienne à domicile

1

Le Chemin Du Christ

13 étapes pour atteindre Jésus

Édition originale

Ellen G. White

Copyright ©2023

LS COMPANY

ISBN: 979-8-8690-3928-6

Contenu

Avant-propos 5

Chapitre 1 - L'amour de Dieu pour l'homme 7

Chapitre 2 - Le besoin de Christ du pécheur 14

Chapitre 3 - La repentance 19

Chapitre 4 - La confession 33

Chapitre 5 - La consécration 38

Chapitre 6 - La foi et l'acceptation 44

Chapitre 7 - L'épreuve du discipulat 51

Chapitre 8 - Grandir en Christ 60

Chapitre 9 - Le travail et la vie 69

Chapitre 10 - La connaissance de Dieu 76

Chapitre 11 - Le privilège de la prière 83

Chapitre 12 - Que faire en cas de doute ? 95

Chapitre 13 - Se réjouir dans le Seigneur 104

Avant—Propos

Peu de livres atteignent une diffusion qui se compte en millions ou exercent une influence aussi grande sur l'élévation de l'humanité que Steps to Christ. Dans d'innombrables éditions, ce petit volume a été imprimé dans plus de soixante-dix langues, apportant l'inspiration à des centaines de milliers d'hommes et de femmes dans le monde entier, même ceux qui habitent dans les coins les plus reculés de la planète. Depuis la parution de la première édition en 1892, les éditeurs ont été appelés à ajouter impression sur impression pour répondre à la demande immédiate et soutenue du public lecteur.

L'auteur de cet ouvrage, Ellen G. White (1827-1915), était une oratrice et une écrivaine connue sur trois continents. Née près de Portland, dans le Maine, elle passa ses premières années de vie dans les États de la Nouvelle-Angleterre, puis ses voyages et ses travaux la conduisirent dans les régions du centre et de l'ouest des États-Unis, qui connaissaient une expansion rapide. De 1885 à 1887, elle a travaillé dans les principaux pays d'Europe, où elle a souvent pris la parole devant de vastes auditoires, tout en continuant à écrire. Par la suite, elle a passé neuf années actives en Australie et en Nouvelle-Zélande. De sa plume sont sortis quarante-cinq volumes, grands et petits, dans les domaines de la théologie, de l'éducation, de la santé, du foyer et du christianisme pratique, dont plusieurs ont été distribués à plus d'un million d'exemplaires. Parmi ces ouvrages, Steps to Christ est le plus populaire et le plus lu.

Le titre du livre en dit long sur sa mission. Il indique au lecteur que Jésus-Christ est le seul à pouvoir répondre aux besoins de l'âme. Il dirige les pas de ceux qui doutent et s'arrêtent vers le chemin de la paix. Il conduit le chercheur de droiture et de plénitude de caractère, pas à pas, sur le chemin de la vie chrétienne, jusqu'à l'expérience où il peut connaître la plénitude de la bénédiction qui se trouve dans l'abandon complet de soi. Il lui révèle le secret de la victoire en exposant avec simplicité la grâce salvatrice et le pouvoir de conservation du grand Ami de l'humanité.

Cette édition marque un pas en avant dans la normalisation de la mise en page du livre dans les prochains tirages en langue anglaise. Sans changement dans le texte, mais avec un format, une orthographe et des majuscules adaptés à notre époque, ce petit recueil de dévotion poursuivra sa mission, mais désormais sous une forme telle, quelle que soit la taille des caractères ou de la page, qu'elle sera conforme au nouvel Index des écrits d'Ellen G. White.

Jacob, autrefois, oppressé par la crainte que son péché l'ait coupé de Dieu, se coucha pour se reposer, et "il rêva, et voici qu'une échelle était dressée sur la terre, et son sommet atteignait le ciel". Le lien entre la terre et le ciel lui fut ainsi révélé, et des paroles de réconfort et d'espérance furent adressées au vagabond par celui qui se tenait au sommet de l'escalier ombragé. Le souhait sincère des éditeurs est que cette vision céleste puisse être répétée à de nombreuses personnes qui liront cette histoire sur le chemin de la vie.

Les administrateurs des publications Ellen G. White

Chapitre 1—L'amour de Dieu pour l'homme

La nature et la révélation témoignent de l'amour de Dieu. Notre Père céleste est la source de la vie, de la sagesse et de la joie. Regardez les merveilles et les beautés de la nature. Pensez à leur merveilleuse adaptation aux besoins et au bonheur, non seulement de l'homme, mais aussi de toutes les créatures vivantes. Le soleil et la pluie, qui réjouissent et rafraîchissent la terre, les collines, les mers et les plaines, tout cela nous parle de l'amour du Créateur. C'est Dieu qui pourvoit aux besoins quotidiens de toutes ses créatures. Comme le dit si bien le psalmiste...

"Les yeux de tous se tournent vers toi ;

Tu leur donnes leur viande au temps convenable.

Tu ouvres ta main,

Il satisfait les désirs de tous les êtres vivants". Psaume 145:15, 16.

Dieu a fait l'homme parfaitement saint et heureux ; et la belle terre, telle qu'elle est sortie de la main du Créateur, ne portait ni le fléau de la décomposition, ni l'ombre de la malédiction. C'est la transgression de la loi de Dieu - la loi de l'amour - qui a entraîné le malheur et la mort. Cependant, même au milieu de la souffrance qui résulte du péché, l'amour de Dieu se révèle. Il est écrit que Dieu a maudit le sol à cause de l'homme. Genèse 3:17. L'épine et le chardon - les difficultés et les épreuves qui font de sa vie un labeur et un souci - ont été prévus pour son bien comme faisant partie de l'entraînement nécessaire dans le plan de Dieu pour le relever de la ruine et de la dégradation que le péché a entraînées. Le monde, bien que déchu, n'est pas que tristesse et misère. La nature elle-même contient des messages d'espoir et de réconfort. Il y a des fleurs sur les chardons, et les épines sont couvertes de roses.

"Dieu est amour" est écrit sur chaque bourgeon qui s'ouvre, sur chaque tige d'herbe printanière. Les jolis oiseaux qui font retentir l'air de leurs chants joyeux, les fleurs aux teintes délicates qui parfument l'air dans leur perfection, les grands arbres de la forêt avec leur riche feuillage d'un vert vivant - tout cela témoigne de la tendre attention paternelle de notre Dieu et de son désir de rendre ses enfants heureux.

La parole de Dieu révèle son caractère. Il a lui-même déclaré son amour et sa pitié infinis. Lorsque Moïse a demandé : "Montre-moi ta gloire", le Seigneur a répondu : "Je ferai passer devant toi toutes mes bontés". Exode 33:18, 19. Telle est sa gloire. Le Seigneur passa devant Moïse et proclama : "Le Seigneur, le Seigneur Dieu, miséricordieux et bienveillant, longanime et abondant en bonté et en vérité, gardant la miséricorde pour des milliers, pardonnant l'iniquité, la transgression et le péché". Exode 34:6, 7. Il est "lent à la colère et d'une grande bonté", "parce qu'il aime la miséricorde". Jonas 4:2 ; Michée 7:18.

Dieu a lié nos cœurs à lui par d'innombrables signes dans le ciel et sur la terre. Il a cherché à se révéler à nous à travers les choses de la nature et les liens terrestres les plus profonds et les plus tendres que les cœurs humains puissent connaître. Mais ces preuves ne représentent qu'imparfaitement son amour. Bien que toutes ces preuves aient été données, l'ennemi du bien a aveuglé l'esprit des hommes, de sorte qu'ils ont regardé Dieu avec crainte ; ils l'ont considéré comme sévère et impitoyable. Satan a amené les hommes à concevoir Dieu comme un être dont l'attribut principal est la justice sévère, un juge sévère, un créancier sévère et exigeant. Il s'est représenté le Créateur comme un être qui veille d'un œil jaloux à discerner les erreurs et les fautes des hommes, afin de pouvoir les juger. C'est pour dissiper cette ombre, en révélant au monde l'amour infini de Dieu, que Jésus est venu vivre parmi les hommes.

Le Fils de Dieu est venu du ciel pour manifester le Père. "Personne n'a jamais vu Dieu ; le Fils unique, qui est dans le sein du Père, il l'a fait connaître. Jean 1:18. "Personne ne connaît le Père, si ce n'est le Fils et celui à qui le Fils veut le révéler. Matthieu 11:27. Lorsque l'un des disciples demanda : "Montrez-nous le Père", Jésus répondit : "Il y a si longtemps que je suis avec vous, et tu ne m'as pas connu, Philippe ? Celui qui m'a vu a vu le Père ; comment donc dis-tu : Montre-nous le Père ? Jean 14:8, 9.

En décrivant sa mission sur terre, Jésus a dit : "Le Seigneur m'a oint pour annoncer la bonne nouvelle aux pauvres ; il m'a envoyé pour guérir ceux qui ont le cœur brisé, pour annoncer aux captifs la délivrance et aux aveugles le retour à la vue, pour renvoyer en liberté ceux qui sont meurtris". Luc 4:18. Telle était son œuvre. Il allait de lieu en lieu pour faire du bien et guérir tous ceux qui étaient opprimés par Satan. Il y avait des villages entiers où il n'y avait pas un seul gémissement de maladie dans aucune maison, car il les avait traversés et avait guéri tous leurs malades. Son travail témoignait de son onction divine. L'amour, la miséricorde et la compassion se sont révélés dans chaque acte de sa vie ; son cœur s'est tendu vers les enfants des hommes. Il a pris la nature de l'homme, afin de répondre aux besoins de l'homme. Les plus pauvres et les plus humbles ne craignaient pas de s'approcher de lui. Même les petits enfants étaient attirés par lui. Ils aimaient grimper sur ses genoux et contempler son visage pensif, empreint d'amour.

Jésus n'a pas supprimé une seule parole de vérité, mais il l'a toujours prononcée avec amour. Il a fait preuve du plus grand tact et d'une attention réfléchie et bienveillante dans ses relations avec les gens. Il n'a jamais été impoli, n'a jamais prononcé inutilement une parole sévère, n'a jamais fait souffrir inutilement une âme sensible. Il n'a pas censuré les faiblesses humaines. Il disait la vérité, mais toujours dans l'amour. Il dénonçait l'hypocrisie, l'incrédulité et l'iniquité, mais les larmes étaient dans sa voix lorsqu'il prononçait ses reproches cinglants. Il pleure sur Jérusalem, la ville qu'il aime, qui refuse de le recevoir, lui, le chemin, la vérité et la vie. Ils l'avaient rejeté, lui, le Sauveur, mais il les considérait avec une tendresse pleine de pitié. Sa vie était faite d'abnégation et d'attention aux autres. Chaque âme était précieuse à ses yeux. Bien qu'il se soit toujours comporté avec une dignité divine, il s'est incliné avec les plus tendres égards devant chaque membre de la famille de Dieu. Dans tous les hommes, il voyait des âmes déchues qu'il avait pour mission de sauver.

Tel est le caractère du Christ tel qu'il se révèle dans sa vie. Tel est le caractère de Dieu. C'est du coeur du Père que jaillissent les flots de la compassion divine, manifestée en Christ, pour les enfants des hommes. Jésus, le Sauveur tendre et plein de pitié, était Dieu "manifesté dans la chair". 1 Timothée 3:16.

C'est pour nous racheter que Jésus a vécu, souffert et est mort. Il est devenu "un homme de douleur", afin que nous puissions avoir part à la joie éternelle. Dieu a permis que son Fils bien-aimé, plein de grâce et de vérité, vienne d'un monde d'une gloire indescriptible à un monde entaché et flétri par le péché, assombri par l'ombre de la mort et de la malédiction. Il lui a permis de quitter le sein de son amour, l'adoration des anges, de souffrir la honte, l'insulte, l'humiliation, la haine et la mort. "Le châtiment de notre paix était sur lui, et c'est par ses meurtrissures que nous sommes guéris. Isaïe 53:5. Regardez-le dans le désert, à Gethsémani, sur la croix ! Le Fils immaculé de Dieu a pris sur lui le fardeau du péché. Lui qui n'était qu'un avec Dieu a ressenti dans son âme l'affreuse séparation que le péché opère entre Dieu et l'homme. C'est ce qui lui a arraché ce cri angoissé : "Mon Dieu, mon Dieu, pourquoi m'as-tu abandonné ? Matthieu 27:46. C'est le fardeau du péché, le sentiment de sa terrible énormité, de la séparation de l'âme d'avec Dieu, qui a brisé le cœur du Fils de Dieu.

Mais ce grand sacrifice n'a pas été fait pour créer dans le cœur du Père un amour pour l'homme, pas pour qu'il veuille sauver. Non, non ! "Dieu a tant aimé le monde qu'il a donné son Fils unique. Jean 3:16. Le Père nous aime, non pas à cause de la grande propitiation, mais il a fourni la propitiation parce qu'il nous aime. Le Christ a été le moyen par lequel il a pu déverser son amour infini sur un monde déchu. "Dieu était en Christ, réconciliant le monde avec lui-même. 2 Corinthiens 5:19. Dieu a souffert avec son Fils. Dans l'agonie de Gethsémani, la mort du Calvaire, le cœur de l'Amour infini a payé le prix de notre rédemption.

Jésus a dit : "C'est pourquoi mon Père m'aime, parce que je donne ma vie, afin de la reprendre." Jean 10:17. Autrement dit, "Mon Père t'a tellement aimé qu'il m'aime encore plus parce que j'ai donné ma vie pour te racheter. En devenant votre Substitut et votre Caution, en livrant ma vie, en assumant votre passif, vos transgressions, je suis aimé de mon Père ; car par mon sacrifice, Dieu peut être juste, et pourtant le Justificateur de celui qui croit en Jésus."

Seul le Fils de Dieu pouvait accomplir notre rédemption, car seul celui qui était dans le sein du Père pouvait l'annoncer. Seul celui qui connaissait la hauteur et la profondeur de l'amour de Dieu pouvait le manifester. Rien de moins que le sacrifice infini consenti par le Christ en faveur de l'homme déchu ne pouvait exprimer l'amour du Père pour l'humanité perdue.

"Dieu a tant aimé le monde qu'il a donné son Fils unique. Il ne l'a pas seulement donné pour qu'il vive parmi les hommes, qu'il porte leurs péchés et qu'il meure en sacrifice. Il l'a donné à la race déchue. Le Christ devait s'identifier aux intérêts et aux besoins de l'humanité. Celui qui était un avec Dieu s'est lié aux enfants des hommes par des liens qui ne seront jamais rompus. Jésus "n'a pas honte de les appeler frères" (Hébreux 2:11) ; il est notre Sacrifice, notre Avocat, notre Frère, portant notre forme humaine devant le trône du Père, et à travers les âges éternels, un avec la race qu'il a rachetée - le Fils de l'homme. Et tout cela pour que l'homme puisse être relevé de la ruine et de la dégradation du péché, pour qu'il puisse refléter l'amour de Dieu et partager la joie de la sainteté.

Le prix payé pour notre rédemption, le sacrifice infini de notre Père céleste qui a donné son Fils pour mourir pour nous, devrait nous donner une idée exaltée de ce que nous pouvons devenir par l'intermédiaire du Christ. Lorsque l'apôtre Jean, inspiré, a contemplé la hauteur, la profondeur et la largeur de l'amour du Père envers la race périssante, il a été rempli d'adoration et de révérence ; et, ne trouvant pas de langage approprié pour exprimer la grandeur et la tendresse de cet amour, il a appelé le monde à le contempler. "Voici quel amour le Père nous a donné, pour que nous soyons appelés fils de Dieu". 1 Jean 3:1. Quelle valeur cela confère à l'homme ! Par la transgression, les fils de l'homme deviennent les sujets de Satan. Par la foi dans le sacrifice expiatoire du Christ, les fils d'Adam peuvent devenir les fils de Dieu. En assumant la nature humaine, le Christ élève l'humanité. Les hommes déchus sont placés là où, par leur lien avec le Christ, ils peuvent effectivement devenir dignes du nom de "fils de Dieu".

Un tel amour est sans équivalent. Enfants du Roi céleste ! Précieuse promesse ! Thème de la méditation la plus profonde ! L'amour incomparable de Dieu pour un monde qui ne l'aimait pas ! Cette pensée a un pouvoir subjuguant sur l'âme et rend l'esprit captif de la volonté de Dieu. Plus nous étudions le caractère divin à la lumière de la croix, plus nous voyons la miséricorde, la tendresse et le pardon se mêler à l'équité et à la justice, et plus nous discernons clairement les innombrables preuves d'un amour infini et d'une tendre pitié surpassant la sympathie ardente d'une mère pour son enfant égaré.

Chapitre 2—Le besoin du Christ pour le pécheur

À l'origine, l'homme était doté de nobles pouvoirs et d'un esprit équilibré. Il était parfait dans son être et en harmonie avec Dieu. Ses pensées étaient pures, ses objectifs saints. Mais par la désobéissance, ses pouvoirs ont été pervertis et l'égoïsme a pris la place de l'amour. Sa nature a été tellement affaiblie par la transgression qu'il lui était impossible, par ses propres forces, de résister à la puissance du mal. Il fut captif de Satan et le serait resté à jamais si Dieu n'était pas intervenu spécialement. Le but du tentateur était de contrecarrer le plan divin dans la création de l'homme et de remplir la terre de malheurs et de désolation. Et il désignait tout ce mal comme le résultat de l'oeuvre de Dieu dans la création de l'homme.

Dans son état sans péché, l'homme était en joyeuse communion avec Celui "en qui sont cachés tous les trésors de la sagesse et de la connaissance". Colossiens 2:3. Mais après son péché, il ne pouvait plus trouver de joie dans la sainteté, et il a cherché à se cacher de la présence de Dieu. Telle est encore la condition du coeur non renouvelé. Il n'est pas en harmonie avec Dieu et ne trouve aucune joie dans la communion avec lui. Le pécheur ne peut pas être heureux en présence de Dieu ; il fuit la compagnie des êtres saints. S'il lui était permis d'entrer au ciel, il n'y trouverait aucune joie. L'esprit d'amour désintéressé qui y règne - chaque coeur répondant au coeur de l'Amour Infini - ne toucherait aucune corde sensible dans son âme. Ses pensées, ses intérêts, ses motifs seraient étrangers à ceux qui animent les habitants sans péché. Il serait une note discordante dans la mélodie du ciel. Le ciel serait pour lui un lieu de torture ; il aspirerait à être caché de Celui qui est sa lumière et le centre de sa joie. Ce n'est pas un décret arbitraire de la part de Dieu qui exclut les méchants du ciel ; ils en sont exclus par leur propre inaptitude à le fréquenter. La gloire de Dieu serait pour eux un feu dévorant. Ils accepteraient la destruction afin d'être cachés de la face de Celui qui est mort pour les racheter.

Il nous est impossible, par nous-mêmes, d'échapper au gouffre du péché dans lequel nous sommes enfoncés. Nos cœurs sont mauvais et nous ne pouvons pas les changer. "Qui peut faire sortir une chose pure d'une chose impure ? personne. "L'esprit charnel est inimitié contre Dieu, car il n'est pas soumis à la loi de Dieu et ne peut l'être. Job 14:4 ; Romains 8:7. L'éducation, la culture, l'exercice de la volonté, l'effort humain ont tous leur place, mais ils sont ici impuissants. Ils peuvent produire un comportement extérieur correct, mais ils ne peuvent pas changer le coeur, ils ne peuvent pas purifier les sources de la vie. Il faut une puissance agissant de l'intérieur, une vie nouvelle venant d'en haut, pour que les hommes puissent passer du péché à la sainteté. Cette puissance, c'est le Christ. Seule sa grâce peut vivifier les facultés inertes de l'âme et l'attirer vers Dieu, vers la sainteté.

Le Sauveur a dit : "Si un homme ne naît d'en haut", s'il ne reçoit pas un nouveau cœur, de nouveaux désirs, de nouveaux buts et de nouvelles motivations, menant à une nouvelle vie, "il ne peut voir le royaume de Dieu". Jean 3:3, en marge. L'idée qu'il faut seulement développer le bien qui existe dans l'homme par nature est une tromperie fatale. "L'homme naturel ne reçoit pas les choses de l'Esprit de Dieu, car elles sont pour lui une folie, et il ne peut les connaître, parce que c'est spirituellement qu'on les discerne. "Ne t'étonne pas que je t'aie dit : Il faut que tu naisses de nouveau. 1 Corinthiens 2:14 ; Jean 3:7. Il est écrit du Christ : "En lui était la vie, et la vie était la lumière des hommes" - le seul "nom donné sous le ciel parmi les hommes, par lequel nous devons être sauvés". Jean 1:4 ; Actes 4:12.

Il ne suffit pas de percevoir l'amour bienveillant de Dieu, de voir la bienveillance, la tendresse paternelle de son caractère. Il ne suffit pas de discerner la sagesse et la justice de sa loi, pour voir qu'elle est fondée sur le principe éternel de l'amour. L'apôtre Paul a vu tout cela lorsqu'il s'est exclamé : "Je reconnais que la loi est bonne". "La loi est sainte, et le commandement est saint, juste et bon. Mais il ajouta, dans l'amertume de son âme, dans l'angoisse et le désespoir : "Je suis charnel, vendu sous le péché." Romains 7:16, 12, 14. Il aspirait à la pureté, à la justice qu'il était incapable d'atteindre en lui-même, et s'écriait : "Malheureux que je suis, qui me délivrera de ce corps de mort ?" Romains 7:24, en marge. Tel est le cri qui s'est élevé des cœurs accablés dans tous les pays et à toutes les époques. A tous, il n'y a qu'une seule réponse : "Voici l'Agneau de Dieu, qui ôte le péché du monde". Jean 1:29.

Nombreuses sont les figures par lesquelles l'Esprit de Dieu a cherché à illustrer cette vérité et à la faire comprendre aux âmes qui aspirent à être libérées du fardeau de la culpabilité. Lorsque, après avoir trompé Ésaü, Jacob s'est enfui de la maison de son père, il était accablé par un sentiment de culpabilité. Seul et exclu comme il l'était, séparé de tout ce qui avait rendu sa vie chère, la seule pensée qui pesait sur son âme était la crainte que son péché l'ait coupé de Dieu, qu'il ait été abandonné du Ciel. Dans la tristesse, il s'allongea pour se reposer sur la terre nue, autour de lui seulement les collines solitaires, et au-dessus, les cieux brillants d'étoiles. Alors qu'il dormait, une lumière étrange éclaira sa vision ; et voici que de la plaine où il se trouvait, de vastes escaliers ombragés semblaient monter jusqu'aux portes mêmes du ciel, et sur ces escaliers, des anges de Dieu montaient et descendaient ; tandis que de la gloire d'en haut, la voix divine se faisait entendre dans un message de réconfort et d'espérance. C'est ainsi que fut connu à Jacob ce qui répondait au besoin et au désir de son âme : un Sauveur. Avec joie et gratitude, il vit se révéler un moyen par lequel lui, pécheur, pouvait être rétabli dans la communion avec Dieu. L'échelle mystique de son rêve représentait Jésus, le seul moyen de communication entre Dieu et l'homme.

C'est à cette même figure que le Christ se réfère dans son entretien avec Nathanaël, lorsqu'il dit : "Vous verrez le ciel ouvert, et les anges de Dieu monter et descendre sur le Fils de l'homme". Dans l'apostasie, l'homme s'est éloigné de Dieu ; la terre a été coupée du ciel. De l'autre côté du gouffre qui les séparait, il ne pouvait y avoir de communion. Mais par le Christ, la terre est à nouveau liée au ciel. Par ses propres mérites, le Christ a comblé le fossé creusé par le péché, de sorte que les anges gardiens peuvent communier avec l'homme. Le Christ relie l'homme déchu, dans sa faiblesse et son impuissance, à la Source de la puissance infinie.

Mais vains sont les rêves de progrès des hommes, vains tous les efforts pour élever l'humanité, s'ils négligent l'unique source d'espoir et d'aide pour la race déchue. "Tout don bon et tout don parfait" (Jacques 1:17) vient de Dieu. Il n'y a pas de véritable excellence de caractère en dehors de Lui. Et le seul chemin vers Dieu est le Christ. Il dit : "Je suis le chemin, la vérité et la vie ; nul ne vient au Père que par moi". Jean 14:6.

Le cœur de Dieu aspire à ses enfants terrestres avec un amour plus fort que la mort. En donnant son Fils, il nous a offert tout le ciel en un seul don. La vie, la mort et l'intercession du Sauveur, le ministère des anges, les supplications de l'Esprit, l'action du Père au-dessus de tout et à travers tout, l'intérêt constant des êtres célestes, tout est mobilisé en faveur de la rédemption de l'homme.

Oh, contemplons l'incroyable sacrifice qui a été fait pour nous ! Essayons d'apprécier le travail et l'énergie que le Ciel déploie pour récupérer les perdus et les ramener dans la maison du Père. Des motivations plus fortes et des agences plus puissantes ne pourraient jamais être mises en œuvre ; les récompenses extraordinaires pour les bonnes actions, la jouissance du ciel, la société des anges, la communion et l'amour de Dieu et de son Fils, l'élévation et l'extension de tous nos pouvoirs à travers les âges éternels - ne sont-elles pas des incitations et des encouragements puissants pour nous pousser à donner le service d'amour du cœur à notre Créateur et Rédempteur ?

D'autre part, les jugements de Dieu prononcés contre le péché, le châtiment inévitable, la dégradation de notre caractère et la destruction finale sont présentés dans la parole de Dieu pour nous mettre en garde contre le service de Satan.

Ne devrions-nous pas considérer la miséricorde de Dieu ? Que pourrait-il faire de plus ? Plaçons-nous dans une juste relation avec Celui qui nous a aimés d'un amour extraordinaire. Profitons des moyens mis à notre disposition pour être transformés à sa ressemblance et retrouver la communion avec les anges, l'harmonie et la communion avec le Père et le Fils.

Chapitre 3—La repentance

Comment un homme peut-il être juste devant Dieu ? Comment le pécheur peut-il devenir juste ? Ce n'est que par le Christ que nous pouvons être en harmonie avec Dieu, avec la sainteté ; mais comment pouvons-nous venir au Christ ? Beaucoup se posent la même question que la multitude le jour de la Pentecôte, lorsque, convaincue de péché, elle s'est écriée : "Que ferons-nous ?" Le premier mot de la réponse de Pierre fut : "Repentez-vous". Actes 2:37, 38. À une autre occasion, peu après, il dit : "Repentez-vous, ... et convertissez-vous, afin que vos péchés soient effacés." Actes 3:19.

La repentance comprend le chagrin pour le péché et le fait de s'en détourner. Nous ne renoncerons pas au péché tant que nous n'en verrons pas la gravité ; tant que nous ne nous en détournerons pas dans notre cœur, il n'y aura pas de véritable changement dans notre vie.

Nombreux sont ceux qui ne comprennent pas la véritable nature de la repentance. Des multitudes se désolent d'avoir péché et se réforment même extérieurement parce qu'elles craignent que leur méfait n'entraîne des souffrances pour elles-mêmes. Mais il ne s'agit pas d'une repentance au sens biblique du terme. Ils déplorent la souffrance plutôt que le péché. Tel fut le chagrin d'Ésaü lorsqu'il vit que le droit d'aînesse lui échappait à jamais. Balaam, terrifié par l'ange qui se tenait sur son chemin, l'épée dégainée, reconnut sa culpabilité de peur de perdre la vie ; mais il n'y eut pas de véritable repentance pour le péché, pas de conversion d'intention, pas d'horreur du mal. Judas Iscariote, après avoir trahi son Seigneur, s'exclama : "J'ai péché en livrant le sang innocent". Matthieu 27:4.

L'aveu fut arraché à son âme coupable par un terrible sentiment de condamnation et par l'attente effrayante du jugement. Les conséquences qui allaient en résulter le remplissaient de terreur, mais il n'y avait pas dans son âme la douleur profonde et déchirante d'avoir trahi le Fils sans tache de Dieu et d'avoir renié le Saint d'Israël. Pharaon, lorsqu'il subissait les jugements de Dieu, reconnaissait son péché afin d'échapper à un nouveau châtiment, mais il revenait à son mépris du ciel dès que les fléaux s'arrêtaient. Tous ont déploré les conséquences du péché, mais n'ont pas regretté le péché lui-même.

Mais lorsque le cœur cède à l'influence de l'Esprit de Dieu, la conscience est vivifiée et le pécheur discerne quelque chose de la profondeur et du caractère sacré de la sainte loi de Dieu, fondement de son gouvernement dans les cieux et sur la terre. La "Lumière, qui éclaire tout homme venant dans le monde", illumine les chambres secrètes de l'âme, et les choses cachées dans les ténèbres sont rendues manifestes. Jean 1:9. La conviction s'empare de l'esprit et du coeur. Le pécheur a le sentiment de la justice de Jéhovah et ressent la terreur de comparaître, dans sa propre culpabilité et son impureté, devant le Scrutateur des cœurs. Il voit l'amour de Dieu, la beauté de la sainteté, la joie de la pureté ; il aspire à être purifié et à retrouver la communion avec le Ciel.

La prière de David après sa chute illustre la nature du véritable chagrin pour le péché. Son repentir était sincère et profond. Il n'y avait aucun effort pour atténuer sa culpabilité ; aucun désir d'échapper au jugement qui le menaçait n'inspirait sa prière. David voyait l'énormité de sa transgression, il voyait la souillure de son âme, il avait horreur de son péché. Ce n'est pas seulement pour le pardon qu'il prie, mais pour la pureté de son coeur. Il aspirait à la joie de la sainteté, au rétablissement de l'harmonie et de la communion avec Dieu. Tel était le langage de son âme :

"Heureux celui dont la faute est pardonnée !

dont le péché est couvert.

Heureux l'homme pour qui le Seigneur

n'impute pas l'iniquité,

Et dans l'esprit duquel il n'y a pas de mensonge". Psaume 32:1, 2.

"Aie pitié de moi, ô Dieu, selon ce que tu m'as demandé.

Ta bonté :

Selon la multitude de ta tendresse

les miséricordes effacent mes transgressions....

Car je reconnais mes transgressions, et mes

le péché est toujours devant moi....

Purifiez-moi avec de l'hysope, et je serai pur :

lave-moi, et je serai plus blanc que la neige....

Crée en moi un cœur pur, ô Dieu ;

Et renouvelle en moi un esprit droit.

Ne me rejette pas loin de ta présence ;

Et ne m'enlève pas ton Saint-Esprit.

Rends-moi la joie de ton salut ;

Et soutiens-moi par ton esprit libre....

Délivre-moi de l'impureté du sang, ô Dieu, Toi

Dieu de mon salut :

Et ma langue chantera tes louanges

la justice". Psaume 51, 1-14.

Une telle repentance est hors de portée de notre propre pouvoir ; elle ne peut être obtenue que par le Christ, qui est monté en haut et qui a fait des dons aux hommes.

C'est justement sur ce point que beaucoup se trompent et ne reçoivent donc pas l'aide que le Christ souhaite leur apporter. Ils pensent qu'ils ne peuvent pas venir à Christ s'ils ne se repentent pas d'abord, et que la repentance prépare le pardon de leurs péchés. Il est vrai que la repentance précède le pardon des péchés, car seul un cœur brisé et contrit ressent le besoin d'un Sauveur. Mais le pécheur doit-il attendre de s'être repenti pour venir à Jésus ? Le repentir doit-il devenir un obstacle entre le pécheur et le Sauveur ?

La Bible n'enseigne pas que le pécheur doit se repentir avant de pouvoir répondre à l'invitation du Christ : "Venez à moi, vous tous qui peinez et ployez sous le fardeau, et je vous donnerai du repos." Matthieu 11:28. C'est la vertu qui émane du Christ qui conduit à une véritable repentance. Pierre l'a clairement exprimé dans sa déclaration aux Israélites lorsqu'il a dit : "Dieu l'a élevé par sa droite pour en faire un Prince et un Sauveur, afin de donner à Israël la repentance et le pardon de ses péchés". Actes 5:31. Nous ne pouvons pas plus nous repentir sans l'Esprit du Christ pour éveiller notre conscience que nous ne pouvons être pardonnés sans le Christ.

Le Christ est la source de toute bonne impulsion. Il est le seul à pouvoir implanter dans le cœur l'inimitié contre le péché. Tout désir de vérité et de pureté, toute conviction de notre propre péché est une preuve que son Esprit agit sur nos coeurs.

Jésus a dit : "Si je suis élevé de la terre, j'attirerai tous les hommes à moi". Jean 12:32. Le Christ doit être révélé au pécheur comme le Sauveur mourant pour les péchés du monde ; et lorsque nous voyons l'Agneau de Dieu sur la croix du Calvaire, le mystère de la rédemption commence à se dévoiler à notre esprit et la bonté de Dieu nous conduit à la repentance. En mourant pour les pécheurs, le Christ a manifesté un amour incompréhensible ; et lorsque le pécheur contemple cet amour, il adoucit son cœur, impressionne son esprit et inspire la contrition dans son âme.

Il est vrai que les hommes ont parfois honte de leurs péchés et abandonnent certaines de leurs mauvaises habitudes avant de se rendre compte qu'ils sont attirés par le Christ. Mais chaque fois qu'ils font un effort pour se réformer, par désir sincère de bien faire, c'est la puissance du Christ qui les attire. Une influence dont ils sont inconscients agit sur l'âme, la conscience est vivifiée et la vie extérieure est modifiée. Et lorsque le Christ les attire à regarder sa croix, à contempler celui que leurs péchés ont transpercé, le commandement s'impose à leur conscience. La méchanceté de leur vie, le péché profond de leur âme, leur est révélé. Ils commencent à comprendre quelque chose de la justice du Christ et s'exclament : "Qu'est-ce que le péché, pour qu'il exige un tel sacrifice pour la rédemption de sa victime ? Fallait-il exiger tout cet amour, toute cette souffrance, toute cette humiliation, pour que nous ne périssions pas, mais que nous ayons la vie éternelle ?"

Le pécheur peut résister à cet amour, refuser d'être attiré par le Christ ; mais s'il ne résiste pas, il sera attiré par Jésus ; la connaissance du plan de salut le conduira au pied de la croix dans la repentance de ses péchés, qui ont causé les souffrances du cher Fils de Dieu.

Le même esprit divin qui travaille sur les choses de la nature parle au cœur des hommes et crée un désir inexprimable pour quelque chose qu'ils n'ont pas. Les choses du monde ne peuvent satisfaire leur désir. L'Esprit de Dieu les supplie de rechercher les choses qui seules peuvent leur donner la paix et le repos - la grâce du Christ, la joie de la sainteté. Par des influences visibles et invisibles, notre Sauveur est constamment à l'oeuvre pour attirer l'esprit des hommes des plaisirs insatisfaisants du péché vers les bénédictions infinies qui peuvent être les leurs en lui. A toutes ces âmes, qui cherchent en vain à s'abreuver aux citernes brisées de ce monde, s'adresse le message divin : "Que celui qui a soif vienne. Et que celui qui veut prenne de l'eau de la vie, gratuitement." Apocalypse 22:17.

Vous qui, dans votre coeur, aspirez à quelque chose de meilleur que ce monde ne peut vous donner, reconnaissez ce désir comme la voix de Dieu à votre âme. Demandez-lui de vous donner la repentance, de vous révéler le Christ dans son amour infini, dans sa pureté parfaite. Dans la vie du Sauveur, les principes de la loi de Dieu - l'amour de Dieu et de l'homme - ont été parfaitement illustrés. La bienveillance, l'amour désintéressé, était la vie de son âme. C'est en le contemplant, lorsque la lumière de notre Sauveur tombe sur nous, que nous voyons le péché de nos propres cœurs.

Nous pouvons nous flatter, comme Nicodème, que notre vie a été droite, que notre caractère moral est correct, et penser que nous n'avons pas besoin d'humilier notre cœur devant Dieu, comme le pécheur ordinaire ; mais lorsque la lumière de Christ brillera dans nos âmes, nous verrons combien nous sommes impurs ; nous discernerons l'égoïsme du motif, l'inimitié contre Dieu, qui a souillé chaque acte de notre vie. Nous saurons alors que notre propre justice est comme des haillons sales, et que le sang du Christ seul peut nous purifier de la souillure du péché et renouveler nos coeurs à sa propre ressemblance.

Un seul rayon de la gloire de Dieu, une seule lueur de la pureté du Christ, pénétrant dans l'âme, rend douloureusement distincte chaque tache de souillure et met à nu la difformité et les défauts du caractère humain. Elle fait apparaître les désirs inavouables, l'infidélité du coeur, l'impureté des lèvres. Les actes de déloyauté du pécheur, qui annule la loi de Dieu, sont exposés à sa vue, et son esprit est frappé et affligé sous l'influence de l'Esprit de Dieu. Il se déteste lorsqu'il voit le caractère pur et sans tache du Christ.

Lorsque le prophète Daniel a vu la gloire entourant le messager céleste qui lui avait été envoyé, il a été submergé par le sentiment de sa propre faiblesse et de son imperfection. Décrivant l'effet de cette scène merveilleuse, il dit : "Il n'y avait plus de force en moi ; car ma beauté s'est changée en corruption, et je n'ai plus eu de force". Daniel 10:8. L'âme ainsi touchée haïra son égoïsme, abhorrera son amour-propre et recherchera, par la justice du Christ, la pureté de coeur qui est en harmonie avec la loi de Dieu et le caractère du Christ.

Paul dit qu'en ce qui concerne " la justice de la loi ", c'est-à-dire les actes extérieurs, il était " irréprochable " (Philippiens

3:6) ; mais lorsqu'il discernait le caractère spirituel de la loi, il se considérait comme un pécheur. Jugé d'après la lettre de la loi, telle que les hommes l'appliquent à la vie extérieure, il s'était abstenu de pécher ; mais lorsqu'il a regardé dans les profondeurs de ses saints préceptes, et qu'il s'est vu tel que Dieu le voyait, il s'est incliné dans l'humiliation et a confessé sa culpabilité. Il dit : "J'ai vécu autrefois sans la loi ; mais quand le commandement est venu, le péché s'est ranimé, et je suis mort". Romains 7:9. Lorsqu'il a vu la nature spirituelle de la loi, le péché est apparu dans sa véritable hideur, et son amour-propre a disparu.

Dieu ne considère pas tous les péchés comme ayant la même importance ; il y a des degrés de culpabilité dans son estimation, comme dans celle de l'homme ; mais aussi insignifiante que puisse paraître telle ou telle mauvaise action aux yeux des hommes, aucun péché n'est petit aux yeux de Dieu. Le jugement de l'homme est partiel, imparfait ; mais Dieu estime toutes choses telles qu'elles sont. L'ivrogne est méprisé et on lui dit que son péché l'exclura du ciel ; l'orgueil, l'égoïsme et la convoitise restent trop souvent impunis. Mais ces péchés sont particulièrement offensants pour Dieu, car ils sont contraires à la bienveillance de son caractère, à cet amour désintéressé qui est l'atmosphère même de l'univers non déchu. Celui qui tombe dans certains des péchés les plus grossiers peut avoir le sentiment de sa honte, de sa pauvreté et de son besoin de la grâce du Christ ; mais l'orgueil ne ressent aucun besoin et ferme ainsi le coeur au Christ et aux bénédictions infinies qu'il est venu donner.

Le pauvre publicain qui a prié : "Que Dieu ait pitié de moi, le pécheur" (Luc 18:13), se considérait comme un homme très méchant, et les autres le considéraient de la même manière ;

mais il sentait son besoin, et avec son fardeau de culpabilité et de honte, il s'est présenté devant Dieu, demandant sa miséricorde. Son cœur était ouvert pour que l'Esprit de Dieu puisse accomplir son œuvre gracieuse et le libérer de la puissance du péché. La prière orgueilleuse et moralisatrice du pharisien montre que son cœur est fermé à l'influence du Saint-Esprit. En raison de son éloignement de Dieu, il n'avait pas conscience de sa propre souillure, en contraste avec la perfection de la sainteté divine. Il ne ressentait aucun besoin et ne recevait rien.

Si vous voyez votre péché, n'attendez pas pour vous améliorer. Combien de personnes pensent qu'elles ne sont pas assez bonnes pour venir au Christ. Vous attendez-vous à devenir meilleur par vos propres efforts ? "L'Éthiopien peut-il changer de peau, ou le léopard de taches ? Alors, vous aussi, faites le bien, vous qui avez l'habitude de faire le mal. Jérémie 13:23. Il n'y a d'aide pour nous qu'en Dieu. Nous ne devons pas attendre des persuasions plus fortes, de meilleures opportunités ou des tempéraments plus saints. Nous ne pouvons rien faire de nous-mêmes. Nous devons venir au Christ tels que nous sommes.

Mais que personne ne se trompe en pensant que Dieu, dans son grand amour et sa grande miséricorde, sauvera même ceux qui rejettent sa grâce. L'énormité du péché ne peut être évaluée qu'à la lumière de la croix. Lorsque les hommes affirment que Dieu est trop bon pour rejeter le pécheur, qu'ils regardent le Calvaire. C'est parce qu'il n'y avait pas d'autre moyen de sauver l'homme, parce que sans ce sacrifice il était impossible à la race humaine d'échapper à la puissance souillante du péché et d'être rétablie dans la communion avec les êtres saints, impossible pour eux de redevenir participants de la vie spirituelle, c'est à cause de cela que le Christ a pris sur lui la culpabilité des désobéissants et a souffert à la place des pécheurs. L'amour, la souffrance et la mort du Fils de Dieu témoignent tous de la terrible énormité du péché et déclarent qu'il n'y a pas d'échappatoire à son pouvoir, pas d'espoir de vie supérieure, si ce n'est par la soumission de l'âme au Christ.

Les impénitents s'excusent parfois en disant des chrétiens professants : "Je suis aussi bon qu'eux. Ils ne sont pas plus dévoués, sobres ou prudents dans leur conduite que moi. Ils aiment le plaisir et la complaisance aussi bien que moi". Ils font ainsi des fautes des autres une excuse pour leur propre manquement au devoir. Mais les péchés et les défauts des autres n'excusent personne, car le Seigneur ne nous a pas donné un modèle humain errant. Le Fils immaculé de Dieu nous a été donné en exemple, et ceux qui se plaignent de la mauvaise conduite des chrétiens professants sont ceux qui devraient montrer une vie meilleure et des exemples plus nobles. S'ils ont une si haute idée de ce que doit être un chrétien, leur propre péché n'est-il pas d'autant plus grand ? Ils savent ce qui est juste et refusent pourtant de le faire.

Méfiez-vous de la procrastination. Ne remettez pas à plus tard l'abandon de vos péchés et la recherche de la pureté de votre cœur par Jésus. C'est ici que des milliers et des milliers de personnes ont commis des erreurs qui ont entraîné leur perte éternelle. Je ne m'attarderai pas ici sur la brièveté et l'incertitude de la vie, mais il y a un terrible danger - un danger qui n'est pas suffisamment compris - à retarder le moment de céder à la voix suppliante du Saint-Esprit de Dieu, à choisir de vivre dans le péché ; car ce retard est vraiment tel. Le péché, aussi minime soit-il, ne peut être pratiqué qu'au risque d'une perte infinie. Ce que nous ne surmontons pas, nous le surmonterons et nous détruirons.

Adam et Ève se sont persuadés que le fait de manger du fruit défendu ne pouvait avoir des conséquences aussi terribles que celles annoncées par Dieu. Mais cette petite chose était la transgression de la loi immuable et sainte de Dieu, et elle a séparé l'homme de Dieu et ouvert les vannes de la mort et de malheurs indicibles sur notre monde. D'âge en âge, un cri de deuil s'est élevé de notre terre, et toute la création gémit et souffre, conséquence de la désobéissance de l'homme. Le ciel lui-même a ressenti les effets de sa rébellion contre Dieu. Le Calvaire est le mémorial de l'incroyable sacrifice nécessaire pour expier la transgression de la loi divine. Ne considérons pas le péché comme une chose insignifiante.

Chaque acte de transgression, chaque négligence ou rejet de la grâce du Christ se répercute sur vous-même ; il endurcit le cœur, déprave la volonté, affaiblit l'intelligence et vous rend non seulement moins enclin à céder, mais moins capable de céder, à la tendre supplication du Saint-Esprit de Dieu.

Nombreux sont ceux qui apaisent leur conscience troublée en pensant qu'ils peuvent changer de cap quand ils le souhaitent, qu'ils peuvent se moquer des invitations à la miséricorde et être encore et toujours impressionnés. Ils pensent qu'après avoir fait fi de l'Esprit de grâce, après s'être rangés du côté de Satan, ils peuvent, dans un moment d'extrême gravité, changer de cap. Mais ce n'est pas si facile. L'expérience, l'éducation, de toute une vie, a si bien modelé le caractère que peu de gens désirent ensuite recevoir l'image de Jésus.

Même un seul mauvais trait de caractère, un seul désir pécheur, entretenu avec persistance, finira par neutraliser toute la puissance de l'Évangile. Toute complaisance pour le péché renforce l'aversion de l'âme pour Dieu. L'homme qui fait preuve d'une hardiesse infidèle ou d'une solide indifférence à l'égard de la vérité divine ne fait que récolter ce qu'il a lui-même semé. Dans toute la Bible, il n'y a pas de mise en garde plus redoutable contre la tentation du mal que les paroles du sage qui dit que le pécheur "sera retenu par les cordes de ses péchés". Proverbes 5:22.

Le Christ est prêt à nous libérer du péché, mais il ne force pas la volonté ; et si, par une transgression persistante, la volonté elle-même est entièrement tournée vers le mal, et si nous ne désirons pas être libérés, si nous n'acceptons pas sa grâce, que peut-il faire de plus ? Nous nous sommes détruits nous-mêmes en rejetant résolument son amour. "Voici maintenant le temps accepté, voici maintenant le jour du salut. "Aujourd'hui, si vous entendez sa voix, n'endurcissez pas vos coeurs. 2 Corinthiens 6:2 ; Hébreux 3:7, 8.

"L'homme regarde l'apparence extérieure, mais le Seigneur regarde le cœur" - le cœur humain, avec ses émotions contradictoires de joie et de tristesse ; le cœur errant, égaré, qui est la demeure de tant d'impureté et de tromperie. 1 Samuel 16:7. Il en connaît les motifs, les intentions et les buts. Allez à Lui avec votre âme toute tachée comme elle l'est. Comme le psalmiste, ouvrez ses chambres à l'œil qui voit tout, en vous exclamant : "Sonde-moi, ô Dieu, et connais mon coeur ; éprouve-moi et connais mes pensées ; vois s'il y a en moi quelque mauvaise voie, et conduis-moi dans le chemin de l'éternité." Psaume 139:23, 24.

Beaucoup acceptent une religion intellectuelle, une forme de piété, alors que le cœur n'est pas purifié. Que ce soit votre prière : "O Dieu, crée en moi un coeur pur, et renouvelle en moi un esprit droit". Psaume 51:10. Occupez-vous vraiment de votre propre âme. Soyez aussi sérieux, aussi persévérant que vous le seriez si votre vie mortelle était en jeu. Il s'agit d'une affaire à régler entre Dieu et votre propre âme, pour l'éternité. Un prétendu espoir, et rien d'autre, causera votre ruine.

Étudiez la parole de Dieu dans la prière. Cette parole vous présente, dans la loi de Dieu et la vie du Christ, les grands principes de la sainteté, sans lesquels "nul ne verra le Seigneur". Hébreux 12:14. Elle vous convainc de péché ; elle vous révèle clairement la voie du salut. Ecoutez-la comme la voix de Dieu qui s'adresse à votre âme.

Lorsque vous voyez l'énormité du péché, lorsque vous vous voyez tel que vous êtes réellement, ne vous laissez pas aller au désespoir. C'est pour sauver les pécheurs que le Christ est venu. Nous n'avons pas à nous réconcilier avec Dieu, mais Dieu, en Christ, "réconcilie le monde avec lui-même". 2 Corinthiens 5:19. Il courtise par son tendre amour les cœurs de ses enfants égarés. Aucun parent terrestre ne pourrait être aussi patient avec les fautes et les erreurs de ses enfants que Dieu ne l'est avec ceux qu'il cherche à sauver. Personne ne pourrait plaider plus tendrement avec le transgresseur. Aucune lèvre humaine n'a jamais déversé de plus tendres supplications sur le vagabond que Lui. Toutes ses promesses, tous ses avertissements ne sont que le souffle d'un amour indicible.

Lorsque Satan vient vous dire que vous êtes un grand pécheur, regardez votre Rédempteur et parlez de ses mérites. Ce qui vous aidera, c'est de regarder vers sa lumière.

Reconnaissez votre péché, mais dites à l'ennemi que "le Christ Jésus est venu dans le monde pour sauver les pécheurs" et que vous pouvez être sauvé par son amour incomparable. 1 Timothée 1:15. Jésus posa une question à Simon au sujet de deux débiteurs. L'un devait à son Seigneur une petite somme, l'autre une très grosse ; mais il leur pardonnait à tous deux, et le Christ demanda à Simon quel était le débiteur qui aimerait le plus son Seigneur. Simon répondit : "Celui à qui il a pardonné le plus". Luc 7:43. Nous avons été de grands pécheurs, mais le Christ est mort pour que nous soyons pardonnés. Les mérites de son sacrifice sont suffisants pour être présentés au Père en notre faveur. Ceux à qui il a pardonné le plus l'aimeront le plus et se tiendront le plus près de son trône pour le louer de son grand amour et de son sacrifice infini. C'est lorsque nous comprenons le mieux l'amour de Dieu que nous réalisons le mieux la nocivité du péché. Lorsque nous voyons la longueur de la chaîne qui a été abaissée pour nous, lorsque nous comprenons quelque chose du sacrifice infini que le Christ a fait en notre faveur, le cœur se fond en tendresse et en contrition.

Chapitre 4—La confession

"Celui qui cache ses péchés ne prospère pas, mais celui qui les avoue et les oublie obtient miséricorde. Proverbes 28:13.

Les conditions pour obtenir la miséricorde de Dieu sont simples, justes et raisonnables. Le Seigneur n'exige pas de nous que nous fassions quelque chose de pénible pour obtenir le pardon de nos péchés. Nous n'avons pas besoin de faire de longs et pénibles pèlerinages, ni d'accomplir de douloureuses pénitences, pour recommander nos âmes au Dieu du ciel ou pour expier nos transgressions ; mais celui qui confesse et abandonne son péché obtiendra miséricorde.

L'apôtre dit : "Confessez vos fautes les uns aux autres, et priez les uns pour les autres, afin que vous soyez guéris". Jacques 5:16. Confessez vos péchés à Dieu, qui seul peut les pardonner, et vos fautes les unes aux autres. Si vous avez offensé votre ami ou votre voisin, vous devez reconnaître votre tort, et il est de son devoir de vous pardonner librement. Vous devez ensuite demander le pardon de Dieu, car le frère que vous avez blessé est la propriété de Dieu et, en le blessant, vous avez péché contre son Créateur et Rédempteur. L'affaire est portée devant le seul vrai Médiateur, notre grand Souverain Prêtre, qui "a été tenté en tout comme nous, sans commettre de péché", qui "a compati à nos faiblesses" et qui est capable de purifier de toute tache d'iniquité. Hébreux 4:15.

Ceux qui n'ont pas humilié leur âme devant Dieu en reconnaissant leur culpabilité n'ont pas encore rempli la première condition d'acceptation. Si nous n'avons pas fait l'expérience de cette repentance qui n'est pas à repentir, et si nous n'avons pas confessé nos péchés avec une véritable humiliation de l'âme et un esprit brisé, en abhorrant notre iniquité, nous n'avons jamais vraiment cherché le pardon des péchés ; et si nous n'avons jamais cherché, nous n'avons jamais trouvé la paix de Dieu. La seule raison pour laquelle nous n'avons pas la rémission des péchés passés est que nous ne sommes pas disposés à humilier nos cœurs et à nous conformer aux conditions de la parole de vérité. Des instructions explicites sont données à ce sujet. La confession des péchés, qu'elle soit publique ou privée, doit être sincère et librement exprimée. Elle ne doit pas être imposée au pécheur. Elle ne doit pas être faite de manière désinvolte et insouciante, ni imposée à ceux qui n'ont pas conscience du caractère odieux du péché. La confession, qui est l'épanchement de l'âme la plus profonde, trouve son chemin vers le Dieu de l'infinie pitié. Le psalmiste dit : "Le Seigneur est proche de ceux qui ont le coeur brisé, il sauve ceux qui ont l'esprit contrit". Psaume 34:18.

La véritable confession a toujours un caractère spécifique et reconnaît des péchés particuliers. Il peut s'agir de fautes qui doivent être confessées devant Dieu seul, de fautes qui doivent être confessées aux personnes qui en ont souffert, ou de fautes de caractère public qui doivent être confessées publiquement. Mais toute confession doit être précise et aller droit au but, en reconnaissant les péchés dont on s'est rendu coupable.

À l'époque de Samuel, les Israélites se sont éloignés de Dieu. Ils souffraient des conséquences du péché, car ils avaient perdu la foi en Dieu, le discernement de sa puissance et de sa sagesse pour gouverner la nation, la confiance en sa capacité à défendre et à défendre sa cause. Ils se détournèrent du grand Maître de l'univers et voulurent être gouvernés comme les nations qui les entouraient. Avant de trouver la paix, ils firent cette confession définitive : "Nous avons ajouté à tous nos péchés ce mal de nous demander un roi". 1 Samuel 12:19. Le péché même dont ils étaient convaincus devait être confessé. Leur ingratitude oppressait leurs âmes et les éloignait de Dieu.

La confession ne sera pas acceptable pour Dieu sans une repentance et une réforme sincères. Il doit y avoir des changements décisifs dans la vie ; tout ce qui est offensant pour Dieu doit être éliminé. C'est le résultat d'une véritable tristesse pour le péché. Le travail que nous devons accomplir de notre côté nous est clairement présenté : "Lave-toi, purifie-toi, ôte de devant mes yeux la méchanceté de tes actions, cesse de faire le mal, apprends à faire le bien, demande justice, soulage l'opprimé, juge l'orphelin, plaide pour la veuve". Isaïe 1:16, 17. "Si le méchant restitue le gage, s'il rend ce qu'il a volé, s'il marche dans les règles de la vie, sans commettre d'iniquité, il vivra, il ne mourra pas. Ezéchiel 33:15. Paul dit, en parlant de l'œuvre de la repentance : "Vous avez eu une tristesse pieuse, et quel soin elle a fait naître en vous, quel examen de conscience, quelle indignation, quelle crainte, quel désir ardent, quel zèle, quelle vengeance ! En toutes choses, vous vous êtes approuvés vous-mêmes pour être clairs dans cette affaire. 2 Corinthiens 7:11.

Lorsque le péché a affaibli les perceptions morales, le malfaiteur ne discerne pas les défauts de son caractère et ne se rend pas compte de l'énormité du mal qu'il a commis ; et s'il ne cède pas à la puissance de conviction du Saint-Esprit, il reste dans un aveuglement partiel face à son péché. Ses confessions ne sont pas sincères et sérieuses. A chaque reconnaissance de sa culpabilité, il ajoute une excuse pour justifier sa conduite, déclarant que s'il n'y avait pas eu certaines circonstances, il n'aurait pas fait telle ou telle chose pour laquelle il est réprimandé.

Après avoir mangé du fruit défendu, Adam et Ève ont été envahis par un sentiment de honte et de terreur. Au début, ils ne pensaient qu'à la manière d'excuser leur péché et d'échapper à la sentence redoutée de la mort. Lorsque le Seigneur s'enquit de leur péché, Adam répondit en rejetant la culpabilité en partie sur Dieu et en partie sur sa compagne : "La femme que tu m'as donnée pour être avec moi m'a donné de l'arbre, et j'en ai mangé. La femme rejeta la faute sur le serpent : "Le serpent m'a séduite, et j'ai mangé". Genèse 3:12, 13. Pourquoi as-tu créé le serpent ? Pourquoi l'as-tu laissé entrer dans l'Eden ? Telles sont les questions qu'elle a posées pour justifier son péché, faisant ainsi porter à Dieu la responsabilité de leur chute. L'esprit d'autojustification a pris naissance dans le père du mensonge et a été manifesté par tous les fils et filles d'Adam. Les confessions de cet ordre ne sont pas inspirées par l'Esprit divin et ne sont pas acceptables par Dieu. La vraie repentance conduira l'homme à porter lui-même sa culpabilité et à la reconnaître sans tromperie ni hypocrisie. Comme le pauvre publicain, sans même lever les yeux vers le ciel, il s'écriera : "Dieu, sois miséricordieux envers le pécheur que je suis !" Et ceux qui reconnaissent leur culpabilité seront justifiés, car Jésus plaidera son sang en faveur de l'âme repentante.

Les exemples de repentance et d'humiliation authentiques que l'on trouve dans la parole de Dieu révèlent un esprit de confession dans lequel il n'y a pas d'excuse pour le péché ni de tentative d'autojustification. Paul n'a pas cherché à se protéger ; il a peint son péché dans sa teinte la plus sombre, sans chercher à atténuer sa culpabilité. Il dit : "J'ai fait enfermer beaucoup de saints, après avoir reçu l'autorisation des principaux sacrificateurs ; et, quand ils ont été mis à mort, j'ai fait entendre ma voix contre eux. Je les châtiais souvent dans toutes les synagogues, je les obligeais à blasphémer, et, pris d'une violente colère contre eux, je les persécutais jusque dans les villes étrangères". Il n'hésite pas à déclarer que "le Christ Jésus est venu dans le monde pour sauver les pécheurs, dont je suis le premier". 1 Timothée 1:15.

Le cœur humble et brisé, subjugué par une repentance authentique, appréciera quelque peu l'amour de Dieu et le coût du Calvaire ; et comme un fils se confesse à un père aimant, le véritable pénitent portera tous ses péchés devant Dieu. Et il est écrit : "Si nous confessons nos péchés, il est fidèle et juste pour nous les pardonner et pour nous purifier de toute iniquité". 1 Jean 1:9.

Chapitre 5—La consécration

La promesse de Dieu est la suivante : "Vous me chercherez et vous me trouverez, quand vous me chercherez de tout votre cœur". Jérémie 29:13.

Le cœur tout entier doit être cédé à Dieu, sinon le changement par lequel nous devons être restaurés à sa ressemblance ne pourra jamais s'opérer en nous. Par nature, nous sommes éloignés de Dieu. Le Saint-Esprit décrit notre condition en des termes tels que ceux-ci : "Mort dans ses offenses et ses péchés" ; "toute la tête est malade, et tout le coeur est défaillant" ; "il n'y a pas de santé en lui". Nous sommes pris au piège de Satan, "captifs de sa volonté". Éphésiens 2:1 ; Ésaïe 1:5, 6 ; 2 Timothée 2:26. Dieu désire nous guérir, nous libérer. Mais comme cela nécessite une transformation complète, un renouvellement de toute notre nature, nous devons nous abandonner entièrement à lui.

La guerre contre le moi est la plus grande bataille qui ait jamais été livrée. L'abandon de soi, l'abandon de tout à la volonté de Dieu, exige une lutte ; mais l'âme doit se soumettre à Dieu avant de pouvoir être renouvelée dans la sainteté.

Le gouvernement de Dieu n'est pas, comme Satan voudrait le faire croire, fondé sur une soumission aveugle, un contrôle irraisonné. Il fait appel à l'intelligence et à la conscience. "Venez, et raisonnons ensemble", telle est l'invitation du Créateur aux êtres qu'il a créés. Isaïe 1:18. Dieu ne force pas la volonté de ses créatures. Il ne peut accepter un hommage qui n'est pas rendu volontairement et intelligemment. Une simple soumission forcée empêcherait tout développement réel de l'esprit ou du caractère ; elle ferait de l'homme un simple automate. Tel n'est pas le but du Créateur. Il désire que l'homme, couronnement de sa puissance créatrice, atteigne le plus haut degré de développement possible. Il nous présente l'apogée de la bénédiction à laquelle il désire nous amener par sa grâce. Il nous invite à nous donner à lui pour qu'il puisse faire sa volonté en nous. Il nous reste à choisir si nous voulons être libérés de l'esclavage du péché, pour partager la glorieuse liberté des fils de Dieu.

En nous donnant à Dieu, nous devons nécessairement renoncer à tout ce qui pourrait nous séparer de Lui. C'est pourquoi le Sauveur dit : "Celui d'entre vous qui ne renonce pas à tout ce qu'il a, ne peut être mon disciple". Luc 14:33. Tout ce qui peut éloigner le coeur de Dieu doit être abandonné. Mammon est l'idole de beaucoup. L'amour de l'argent, le désir de richesse, est la chaîne d'or qui les lie à Satan. La réputation et les honneurs du monde sont vénérés par une autre classe. La vie d'aisance égoïste et d'absence de responsabilité est l'idole d'autres personnes. Mais ces liens serviles doivent être brisés. Nous ne pouvons pas être à moitié au Seigneur et à moitié au monde. Nous ne sommes pas des enfants de Dieu si nous ne le sommes pas entièrement.

Il y a ceux qui prétendent servir Dieu, alors qu'ils comptent sur leurs propres efforts pour obéir à sa loi, se forger un caractère droit et assurer leur salut. Leur cœur n'est pas animé par un sentiment profond de l'amour du Christ, mais ils cherchent à accomplir les devoirs de la vie chrétienne comme ce que Dieu exige d'eux pour gagner le ciel. Une telle religion ne vaut rien. Lorsque le Christ habitera dans le coeur, l'âme sera tellement remplie de son amour, de la joie de la communion avec lui, qu'elle s'attachera à lui ; et dans la contemplation de lui, le moi sera oublié. L'amour du Christ sera la source de l'action. Ceux qui ressentent l'amour contraignant de Dieu ne demandent pas si l'on peut donner peu pour répondre aux exigences de Dieu ; ils ne demandent pas la norme la plus basse, mais visent une conformité parfaite à la volonté de leur Rédempteur. Avec un désir sincère, ils cèdent tout et manifestent un intérêt proportionnel à la valeur de l'objet qu'ils recherchent. Une profession de Christ sans cet amour profond n'est qu'un simple discours, une formalité sèche et une lourde corvée.

Pensez-vous que c'est un trop grand sacrifice que de tout donner au Christ ? Posez-vous la question : "Qu'est-ce que le Christ a donné pour moi ?" Le Fils de Dieu a tout donné - vie, amour et souffrance - pour notre rédemption. Est-il possible que nous, les objets indignes d'un si grand amour, lui refusions nos cœurs ? À chaque instant de notre vie, nous avons participé aux bénédictions de sa grâce, et c'est précisément pour cette raison que nous ne pouvons pas réaliser pleinement les profondeurs de l'ignorance et de la misère dont nous avons été sauvés. Pouvons-nous regarder celui que nos péchés ont transpercé et être prêts à faire fi de tout son amour et de son sacrifice ? Face à l'humiliation infinie du Seigneur de gloire, devons-nous murmurer parce que nous ne pouvons entrer dans la vie que par le conflit et l'abaissement ?

Nombreux sont les cœurs orgueilleux qui se demandent : "Pourquoi dois-je faire pénitence et m'humilier avant d'avoir l'assurance d'être accepté par Dieu ?" Je vous renvoie au Christ. Il était sans péché et, plus encore, il était le Prince des cieux ; mais, au nom de l'homme, il est devenu le péché pour la race. "Il a été compté avec les transgresseurs, il a porté le péché de plusieurs, et il a intercédé pour les transgresseurs. Isaïe 53:12.

Mais qu'abandonnons-nous lorsque nous donnons tout ? Un cœur pollué par le péché, pour que Jésus le purifie, le nettoie par son propre sang et le sauve par son amour incomparable. Et pourtant, les hommes pensent qu'il est difficile de tout abandonner ! J'ai honte d'en entendre parler, j'ai honte de l'écrire.

Dieu ne nous demande pas de renoncer à ce que nous avons intérêt à conserver. Dans tout ce qu'il fait, il a en vue le bien-être de ses enfants. Si seulement tous ceux qui n'ont pas choisi le Christ pouvaient se rendre compte qu'il a quelque chose de bien meilleur à leur offrir que ce qu'ils recherchent pour eux-mêmes. L'homme fait le plus grand tort et la plus grande injustice à son âme lorsqu'il pense et agit à l'encontre de la volonté de Dieu. Aucune joie réelle ne peut être trouvée dans le chemin interdit par Celui qui sait ce qui est le mieux et qui planifie le bien de ses créatures. Le chemin de la transgression est le chemin de la misère et de la destruction.

C'est une erreur de penser que Dieu est heureux de voir ses enfants souffrir. Le ciel tout entier est intéressé par le bonheur de l'homme. Notre Père céleste ne ferme les voies de la joie à aucune de ses créatures. Les exigences divines nous invitent à éviter les indulgences qui nous apporteraient souffrance et déception, qui nous fermeraient la porte du bonheur et du paradis. Le Rédempteur du monde accepte les hommes tels qu'ils sont, avec tous leurs besoins, leurs imperfections et leurs faiblesses ; non seulement il les purifiera du péché et leur accordera la rédemption par son sang, mais il satisfera le désir ardent de tous ceux qui acceptent de porter son joug, de porter son fardeau. Son but est de donner la paix et le repos à tous ceux qui viennent à lui pour le pain de vie. Il nous demande de n'accomplir que les devoirs qui conduiront nos pas vers des sommets de félicité que les désobéissants ne pourront jamais atteindre. La vie véritable et joyeuse de l'âme consiste à avoir le Christ formé à l'intérieur, l'espérance de la gloire.

Beaucoup se demandent : "Comment puis-je me livrer à Dieu ?". Vous désirez vous donner à Lui, mais vous êtes faible en puissance morale, esclave du doute, et contrôlé par les habitudes de votre vie de péché. Vos promesses et vos résolutions sont comme des cordes de sable. Vous ne pouvez pas contrôler vos pensées, vos impulsions, vos affections. La connaissance de vos promesses non tenues et de vos engagements abandonnés affaiblit votre confiance en votre propre sincérité et vous fait penser que Dieu ne peut pas vous accepter ; mais vous ne devez pas désespérer. Ce que vous devez comprendre, c'est la véritable force de la volonté. C'est le pouvoir qui gouverne la nature de l'homme, le pouvoir de décision ou de choix. Tout dépend de la bonne action de la volonté. Le pouvoir de choisir, Dieu l'a donné aux hommes ; c'est à eux de l'exercer. Vous ne pouvez pas changer votre cœur, vous ne pouvez pas de vous-même donner à Dieu ses affections ; mais vous pouvez choisir de le servir. Vous pouvez lui donner votre volonté ; il travaillera alors en vous pour vouloir et faire selon son bon plaisir. Ainsi, toute votre nature sera placée sous le contrôle de l'Esprit du Christ ; vos affections seront centrées sur Lui, vos pensées seront en harmonie avec Lui.

Les désirs de bonté et de sainteté sont justes dans la mesure où ils vont de l'avant ; mais si vous vous arrêtez là, ils ne serviront à rien. Beaucoup se perdront en espérant et en désirant être chrétiens. Ils ne parviennent pas à céder leur volonté à Dieu. Ils ne choisissent pas maintenant d'être chrétiens.

Par l'exercice correct de la volonté, un changement complet peut s'opérer dans votre vie. En abandonnant votre volonté au Christ, vous vous alliez à la puissance qui est au-dessus de toutes les principautés et de tous les pouvoirs. Vous aurez la force d'en haut pour vous maintenir fermement, et ainsi, par un abandon constant à Dieu, vous serez capable de vivre la vie nouvelle, même la vie de foi.

Chapitre 6—La foi et l'acceptation

Au fur et à mesure que votre conscience a été vivifiée par le Saint-Esprit, vous avez pris conscience de la méchanceté du péché, de sa puissance, de sa culpabilité, de son malheur, et vous le considérez avec horreur. Vous sentez que le péché vous a séparé de Dieu, que vous êtes esclave de la puissance du mal. Plus vous luttez pour vous échapper, plus vous vous rendez compte de votre impuissance. Vos motifs sont impurs, votre cœur est souillé. Vous voyez que votre vie a été remplie d'égoïsme et de péché. Vous aspirez à être pardonné, à être purifié, à être libéré. L'harmonie avec Dieu, la ressemblance avec Lui, que pouvez-vous faire pour l'obtenir ?

C'est de paix dont vous avez besoin - du pardon du Ciel, de la paix et de l'amour dans l'âme. L'argent ne peut pas l'acheter, l'intelligence ne peut pas la procurer, la sagesse ne peut pas l'atteindre ; vous ne pouvez jamais espérer, par vos propres efforts, l'obtenir. Mais Dieu vous l'offre comme un don, "sans argent et sans prix". Isaïe 55:1. Elle est à vous si vous voulez bien tendre la main et la saisir. Le Seigneur dit : "Même si vos péchés sont comme l'écarlate, ils deviendront blancs comme la neige ; même s'ils sont rouges comme le cramoisi, ils deviendront comme la laine". Isaïe 1:18. "Je vous donnerai un cœur nouveau, et je mettrai en vous un esprit nouveau. Ezéchiel 36:26.

Vous avez confessé vos péchés et les avez effacés de votre cœur. Vous avez décidé de vous donner à Dieu. Maintenant, allez le voir et demandez-lui de vous laver de vos péchés et de vous donner un cœur nouveau. Croyez ensuite qu'il le fait parce qu'il l'a promis. C'est la leçon que Jésus a enseignée pendant qu'il était sur terre : le don que Dieu nous promet, nous devons croire que nous le recevons et qu'il est à nous. Jésus a guéri les gens de leurs maladies lorsqu'ils ont eu foi en sa puissance ; il les a aidés dans les choses qu'ils pouvaient voir, leur inspirant ainsi de la confiance en lui pour les choses qu'ils ne pouvaient pas voir - les amenant à croire en son pouvoir de pardonner les péchés. C'est ce qu'il a clairement déclaré lors de la guérison de l'homme atteint de paralysie : "Afin que vous sachiez que le Fils de l'homme a sur la terre le pouvoir de pardonner les péchés, il dit au paralytique : Lève-toi, prends ton lit, et va dans ta maison. Matthieu 9:6. L'évangéliste Jean dit aussi, en parlant des miracles du Christ : "Ces choses sont écrites afin que vous croyiez que Jésus est le Christ, le Fils de Dieu, et qu'en croyant vous ayez la vie par son nom." Jean 20:31.

Le simple récit biblique de la guérison des malades par Jésus peut nous apprendre quelque chose sur la manière de croire en lui pour le pardon des péchés. Reprenons l'histoire du paralytique de Béthesda. Le pauvre souffrant était impuissant ; il n'avait pas utilisé ses membres depuis trente-huit ans. Pourtant, Jésus lui dit : "Lève-toi, prends ton lit et marche". Le malade aurait pu dire : "Seigneur, si tu veux me guérir, j'obéirai à ta parole". Mais non, il a cru à la parole du Christ, il a cru qu'il était guéri, et il a fait l'effort immédiatement ; il a voulu marcher, et il a marché. Il a agi sur la base de la parole du Christ, et Dieu lui a donné la force. Il a été guéri.

De même, vous êtes un pécheur. Vous ne pouvez pas expier vos péchés passés, vous ne pouvez pas changer votre cœur et vous rendre saint. Mais Dieu promet de faire tout cela pour vous par l'intermédiaire du Christ. Vous croyez en cette promesse. Vous confessez vos péchés et vous vous donnez à Dieu. Vous voulez le servir. Aussi sûrement que vous faites cela, Dieu accomplira sa promesse envers vous. Si vous croyez à la promesse, si vous croyez que vous êtes pardonné et purifié, Dieu accomplit le fait ; vous êtes guéri, tout comme le Christ a donné au paralytique le pouvoir de marcher lorsque l'homme a cru qu'il était guéri. Il en est ainsi si vous y croyez.

N'attendez pas de sentir que vous êtes guéri, mais dites : "Je le crois ; c'est ainsi, non pas parce que je le sens, mais parce que Dieu l'a promis".

Jésus dit : "Ce que vous désirez, quand vous priez, croyez que vous l'avez reçu, et vous le recevrez." Marc 11:24. Cette promesse est assortie d'une condition : nous devons prier selon la volonté de Dieu. Or, la volonté de Dieu est de nous purifier du péché, de faire de nous ses enfants et de nous permettre de mener une vie sainte. Nous pouvons donc demander ces bénédictions, croire que nous les recevons et remercier Dieu de les avoir reçues. C'est notre privilège d'aller à Jésus et d'être purifiés, et de nous tenir devant la loi sans honte ni remords. "Il n'y a donc maintenant aucune condamnation pour ceux qui sont dans le Christ Jésus, qui marchent non selon la chair, mais selon l'Esprit. Romains 8:1.

Désormais, vous ne vous appartenez plus, vous êtes achetés à prix d'or. "Vous n'avez pas été rachetés par des choses corruptibles, comme l'argent et l'or, mais par le sang précieux du Christ, comme celui d'un agneau sans défaut et sans tache. 1 Pierre 1:18, 19. Par ce simple acte de croire Dieu, le Saint-Esprit a engendré une nouvelle vie dans votre cœur. Vous êtes comme un enfant né dans la famille de Dieu, et il vous aime comme il aime son Fils.

Maintenant que vous vous êtes donné à Jésus, ne reculez pas, ne vous éloignez pas de lui, mais dites chaque jour : "Je suis à Christ, je me suis donné à lui", et demandez-lui de vous donner son Esprit et de vous garder par sa grâce. De même que c'est en vous donnant à Dieu et en le croyant que vous devenez son enfant, de même vous devez vivre en lui. L'apôtre dit : "Comme vous avez reçu le Christ Jésus, le Seigneur, marchez en lui". Colossiens 2:6.

Certains semblent penser qu'ils doivent être en période de probation et prouver au Seigneur qu'ils sont réformés avant de pouvoir prétendre à sa bénédiction. Mais ils peuvent déjà prétendre à la bénédiction de Dieu. Ils doivent avoir sa grâce, l'Esprit de Christ, pour aider leurs infirmités, sinon ils ne peuvent pas résister au mal. Jésus aime que nous venions à lui tels que nous sommes, pécheurs, impuissants, dépendants. Nous pouvons venir avec toute notre faiblesse, notre folie, notre péché, et tomber à ses pieds dans la pénitence. C'est sa gloire de nous entourer des bras de son amour et de panser nos blessures, de nous purifier de toute impureté.

C'est là que des milliers de personnes échouent : elles ne croient pas que Jésus les pardonne personnellement, individuellement. Ils ne prennent pas Dieu au mot. C'est le privilège de tous ceux qui respectent les conditions de savoir par eux-mêmes que le pardon est accordé gratuitement pour chaque péché. Oubliez le soupçon que les promesses de Dieu ne vous sont pas destinées. Elles sont destinées à tout transgresseur repentant. La force et la grâce ont été fournies par le Christ pour être apportées par des anges ministres à chaque âme croyante. Personne n'est si pécheur qu'il ne puisse trouver la force, la pureté et la justice en Jésus, qui est mort pour lui. Il attend de les dépouiller de leurs vêtements tachés et pollués par le péché, et de les revêtir des robes blanches de la justice ; il leur demande de vivre et de ne pas mourir.

Dieu ne nous traite pas comme les hommes finis se traitent les uns les autres. Ses pensées sont des pensées de miséricorde, d'amour et de compassion la plus tendre. Il dit : "Que le méchant abandonne sa voie, et l'homme injuste ses pensées ; qu'il revienne à l'Éternel, et Il aura pitié de lui ; à notre Dieu, car Il pardonnera abondamment". "J'ai effacé, comme un nuage épais, tes transgressions, et, comme une nuée, tes péchés. Isaïe 55:7 ; 44:22.

"Je ne prends pas plaisir à la mort de celui qui meurt, dit le Seigneur, l'Éternel. Ezéchiel 18:32. Satan est prêt à dérober les bienheureuses assurances de Dieu. Il désire enlever à l'âme toute lueur d'espoir et tout rayon de lumière ; mais vous ne devez pas lui permettre de le faire. Ne prêtez pas l'oreille au tentateur, mais dites : "Jésus est mort pour que je vive. Il m'aime et ne veut pas que je périsse. J'ai un Père céleste compatissant ; et bien que j'aie abusé de son amour, bien que j'aie gaspillé les bénédictions qu'il m'a données, je me lèverai, j'irai vers mon Père et je lui dirai : 'J'ai péché contre le ciel et devant toi, et je ne suis plus digne d'être appelé ton fils ; fais de moi l'un de tes mercenaires'". La parabole indique comment le vagabond sera accueilli : "Comme il était encore loin, son père le vit et fut ému de compassion ; il courut se jeter à son cou et le baisa. Luc 15:18-20.

Mais même cette parabole, aussi tendre et touchante soit-elle, ne parvient pas à exprimer l'infinie compassion du Père céleste. Le Seigneur déclare par son prophète : "Je t'ai aimé d'un amour éternel ; c'est pourquoi je t'ai attiré avec amour".

Jérémie 31:3. Alors que le pécheur est encore loin de la maison du Père, gaspillant ses biens dans un pays étranger, le coeur du Père se languit de lui ; et chaque désir éveillé dans l'âme de retourner à Dieu n'est que la tendre supplication de son Esprit, courtisant, suppliant, attirant le vagabond vers le coeur d'amour de son Père.

Avec les riches promesses de la Bible devant vous, pouvez-vous laisser place au doute ? Pouvez-vous croire que lorsque le pauvre pécheur aspire à revenir, à abandonner ses péchés, le Seigneur le retient sévèrement de venir à ses pieds pour se repentir ? Oubliez ces pensées ! Rien ne peut faire plus de mal à votre âme que d'entretenir une telle conception de notre Père céleste. Il déteste le péché, mais il aime le pécheur, et il s'est donné lui-même en la personne de Christ, afin que tous ceux qui le veulent puissent être sauvés et jouir d'une bénédiction éternelle dans le royaume de gloire. Quel langage plus fort ou plus tendre aurait pu être employé que celui qu'il a choisi pour exprimer son amour envers nous ? Il déclare : "Une femme oubliera-t-elle l'enfant qu'elle allaite, pour n'avoir pas pitié du fils de ses entrailles ? Ils l'oublieront peut-être, mais moi, je ne t'oublierai pas". Isaïe 49:15.

Levez les yeux, vous qui doutez et tremblez, car Jésus vit pour intercéder en notre faveur. Remerciez Dieu pour le don de son Fils bien-aimé et priez pour qu'il ne soit pas mort pour vous en vain. L'Esprit vous invite aujourd'hui. Venez de tout votre cœur à Jésus, et vous pourrez réclamer sa bénédiction.

En lisant les promesses, souvenez-vous qu'elles sont l'expression d'un amour et d'une pitié indicibles. Le grand cœur de l'Amour infini est attiré vers le pécheur avec une compassion sans limite. "Nous avons la rédemption par son sang, le pardon des péchés". Ephésiens 1:7. Oui, croyez seulement que Dieu vous aide. Il veut restaurer son image morale dans l'homme. Si vous vous approchez de lui par la confession et le repentir, il s'approchera de vous par la miséricorde et le pardon.

Chapitre 7—L'épreuve du discipulat

"Si quelqu'un est en Christ, il est une nouvelle créature : les choses anciennes sont passées, et toutes les choses sont devenues nouvelles. 2 Corinthiens 5:17.

Une personne peut ne pas être en mesure de dire le lieu ou le moment exact, ou de retracer toute la chaîne des circonstances dans le processus de conversion, mais cela ne prouve pas qu'elle n'est pas convertie. Le Christ dit à Nicodème : "Le vent souffle où il veut, et tu en entends le bruit, mais tu ne peux dire d'où il vient ni où il va : il en est ainsi de quiconque est né de l'Esprit". Jean 3:8. Comme le vent, qui est invisible, mais dont les effets sont clairement visibles et ressentis, l'Esprit de Dieu agit sur le coeur humain. Cette puissance régénératrice, qu'aucun œil humain ne peut voir, engendre une vie nouvelle dans l'âme ; elle crée un être nouveau à l'image de Dieu. Si l'action de l'Esprit est silencieuse et imperceptible, ses effets sont manifestes. Si le cœur a été renouvelé par l'Esprit de Dieu, la vie en témoignera. Alors que nous ne pouvons rien faire pour changer notre cœur ou pour nous mettre en harmonie avec Dieu, alors que nous ne devons pas du tout nous fier à nous-mêmes ou à nos bonnes œuvres, notre vie révélera si la grâce de Dieu habite en nous. Un changement sera visible dans le caractère, les habitudes, les activités. Le contraste sera clair et net entre ce qu'ils ont été et ce qu'ils sont. Le caractère est révélé, non pas par des bonnes actions occasionnelles et des méfaits occasionnels, mais par la tendance des paroles et des actes habituels.

Il est vrai qu'il peut y avoir un comportement extérieur correct sans le pouvoir rénovateur du Christ. L'amour de l'influence et le désir de l'estime des autres peuvent produire une vie bien ordonnée. Le respect de soi peut nous conduire à éviter l'apparence du mal. Un coeur égoïste peut accomplir des actions généreuses. Par quels moyens pouvons-nous donc déterminer de quel côté nous nous trouvons ?

Qui a le cœur ? Avec qui sont nos pensées ? De qui aimons-nous parler ? Qui a nos affections les plus chaudes et nos meilleures énergies ? Si nous appartenons au Christ, nos pensées sont avec Lui, et nos pensées les plus douces sont de Lui. Tout ce que nous avons et sommes lui est consacré. Nous aspirons à porter son image, à respirer son esprit, à faire sa volonté et à lui plaire en toutes choses.

Ceux qui deviennent de nouvelles créatures dans le Christ Jésus produiront les fruits de l'Esprit, "l'amour, la joie, la paix, la longanimité, la gentillesse, la bonté, la foi, la douceur, la tempérance". Galates 5:22, 23. Ils ne se façonneront plus selon les anciennes convoitises, mais, par la foi au Fils de Dieu, ils suivront ses pas, refléteront son caractère et se purifieront comme il est pur. Ce qu'ils haïssaient autrefois, ils l'aiment maintenant, et ce qu'ils aimaient autrefois, ils le haïssent. Les orgueilleux et ceux qui s'affirment deviennent doux et humbles de cœur. Les vaniteux et les hautains deviennent sérieux et discrets. L'ivrogne devient sobre, et le prodigue pur. Les vaines coutumes et les modes du monde sont mises de côté. Les chrétiens rechercheront non pas la "parure extérieure", mais "l'homme caché du coeur, dans ce qui n'est pas corruptible, l'ornement d'un esprit doux et tranquille". 1 Pierre 3:3, 4.

Il n'y a pas de preuve d'un repentir authentique s'il n'entraîne pas une réforme. S'il restitue le gage, redonne ce qu'il a volé, confesse ses péchés et aime Dieu et ses semblables, le pécheur peut être sûr qu'il est passé de la mort à la vie.

Lorsque, en tant qu'êtres errants et pécheurs, nous venons au Christ et participons à sa grâce qui pardonne, l'amour jaillit dans le cœur. Tout fardeau est léger, car le joug imposé par le Christ est facile à porter. Le devoir devient un plaisir, et le sacrifice un plaisir. Le chemin qui, auparavant, semblait enveloppé de ténèbres, s'éclaire des rayons du Soleil de justice.

La beauté du caractère de Christ se verra dans ses disciples. Il prenait plaisir à faire la volonté de Dieu. L'amour de Dieu, le zèle pour sa gloire, était le moteur de la vie de notre Sauveur. L'amour embellissait et ennoblissait toutes ses actions. L'amour est de Dieu. Le cœur non consacré ne peut l'engendrer ou le produire. Il ne se trouve que dans le cœur où Jésus règne. "Nous aimons parce qu'il nous a aimés le premier. 1 Jean 4:19, R.V. Dans le coeur renouvelé par la grâce divine, l'amour est le principe de l'action. Il modifie le caractère, gouverne les impulsions, maîtrise les passions, soumet l'inimitié et ennoblit les affections. Cet amour, chéri dans l'âme, adoucit la vie et exerce une influence raffinante sur tout ce qui l'entoure.

Il y a deux erreurs contre lesquelles les enfants de Dieu - en particulier ceux qui viennent de se confier à sa grâce - ont particulièrement besoin de se prémunir. La première, déjà évoquée, est celle qui consiste à se tourner vers ses propres œuvres, à se fier à tout ce qu'il peut faire, pour se mettre en harmonie avec Dieu. Celui qui essaie de devenir saint par ses propres œuvres, en observant la loi, tente une chose impossible. Tout ce que l'homme peut faire sans Christ est pollué par l'égoïsme et le péché. C'est la grâce du Christ seule, par la foi, qui peut nous rendre saints.

L'erreur opposée et non moins dangereuse est que la croyance en Christ libère l'homme de l'observation de la loi de Dieu ; que puisque par la foi seule nous devenons participants de la grâce du Christ, nos œuvres n'ont rien à voir avec notre rédemption.

Mais remarquez ici que l'obéissance n'est pas une simple conformité extérieure, mais le service de l'amour. La loi de Dieu est l'expression de sa nature même ; elle incarne le grand principe de l'amour et constitue donc le fondement de son gouvernement dans les cieux et sur la terre. Si nos cœurs sont renouvelés à la ressemblance de Dieu, si l'amour divin est implanté dans l'âme, la loi de Dieu ne sera-t-elle pas appliquée dans la vie ? Lorsque le principe de l'amour est implanté dans le cœur, lorsque l'homme est renouvelé à l'image de Celui qui l'a créé, la promesse de la nouvelle alliance s'accomplit : "Je mettrai mes lois dans leur cœur, et je les écrirai dans leur esprit." Hébreux 10:16. Et si la loi est écrite dans le cœur, ne façonnera-t-elle pas la vie ? L'obéissance - le service et l'allégeance de l'amour - est le véritable signe de la qualité de disciple. C'est ainsi que l'Écriture dit : "L'amour de Dieu consiste à garder ses commandements". "Celui qui dit : Je le connais, et qui ne garde pas ses commandements, est un menteur, et la vérité n'est pas en lui. 1 Jean 5:3 ; 2:4. Au lieu de libérer l'homme de l'obéissance, c'est la foi, et la foi seule, qui nous rend participants de la grâce du Christ, qui nous rend capables d'obéir.

Nous ne gagnons pas le salut par notre obéissance, car le salut est un don gratuit de Dieu, à recevoir par la foi. Mais l'obéissance est le fruit de la foi. "Vous savez qu'il a été manifesté pour enlever nos péchés, et qu'en lui il n'y a pas de péché. Celui qui demeure en lui ne pèche pas ; celui qui pèche ne l'a pas vu, ni connu." 1 Jean 3:5, 6. Voici le véritable test. Si nous demeurons en Christ, si l'amour de Dieu habite en nous, nos sentiments, nos pensées, nos objectifs, nos actions seront en harmonie avec la volonté de Dieu telle qu'elle est exprimée dans les préceptes de sa sainte loi. "Petits enfants, que personne ne vous séduise : celui qui pratique la justice est juste, comme il est juste. 1 Jean 3:7. La justice est définie par la norme de la sainte loi de Dieu, telle qu'elle est exprimée dans les dix préceptes donnés sur le Sinaï.

Cette soi-disant foi en Christ qui prétend libérer les hommes de l'obligation d'obéir à Dieu n'est pas de la foi, mais de la présomption. "C'est par la grâce que vous êtes sauvés, par le moyen de la foi. Mais "la foi, si elle n'a pas d'oeuvres, est morte". Éphésiens 2:8 ; Jacques 2:17. Jésus a dit de lui-même, avant sa venue sur terre : "Je prends plaisir à faire ta volonté, ô mon Dieu ; ta loi est au dedans de mon coeur." Psaume 40:8. Et juste avant de remonter au ciel, il a déclaré : "J'ai gardé les commandements de mon Père, et je demeure dans son amour." Jean 15:10. L'Ecriture dit : "C'est par là que nous savons que nous le connaissons, si nous gardons ses commandements..... Celui qui dit demeurer en lui doit lui-même marcher comme il a marché." 1 Jean 2:3-6. "Parce que le Christ aussi a souffert pour nous, nous laissant un exemple, afin que vous suiviez ses traces. 1 Pierre 2:21.

La condition de la vie éternelle est maintenant ce qu'elle a toujours été, ce qu'elle était au Paradis avant la chute de nos premiers parents, une obéissance parfaite à la loi de Dieu, une justice parfaite. Si la vie éternelle était accordée à une condition inférieure à celle-ci, le bonheur de l'univers tout entier serait mis en péril. La voie serait ouverte à l'immortalisation du péché, avec tout son cortège de malheurs et de misères.

Il était possible pour Adam, avant la chute, de se forger un caractère juste en obéissant à la loi de Dieu. Mais il n'y est pas parvenu et, à cause de son péché, notre nature est déchue et nous ne pouvons pas nous rendre justes. Puisque nous sommes pécheurs, impies, nous ne pouvons pas obéir parfaitement à la sainte loi. Nous n'avons pas de justice propre pour répondre aux exigences de la loi de Dieu. Mais le Christ a ouvert une voie d'évasion pour nous. Il a vécu sur terre au milieu d'épreuves et de tentations telles que celles que nous devons affronter. Il a vécu une vie sans péché. Il est mort pour nous et nous offre maintenant de prendre nos péchés et de nous donner sa justice. Si vous vous donnez à lui et l'acceptez comme votre Sauveur, alors, même si votre vie a été marquée par le péché, vous êtes considéré comme juste à cause de lui. Le caractère du Christ remplace votre caractère et vous êtes accepté devant Dieu comme si vous n'aviez pas péché.

Plus encore, le Christ change le cœur. Il demeure dans votre cœur par la foi. Vous devez maintenir ce lien avec le Christ par la foi et l'abandon continuel de votre volonté à lui ; et tant que vous faites cela, il agira en vous pour vouloir et faire selon son bon plaisir. Vous pouvez donc dire : "La vie que je mène maintenant dans la chair, je la mène par la foi au Fils de Dieu, qui m'a aimé et qui s'est livré lui-même pour moi". Galates 2:20. Jésus dit à ses disciples : "Ce n'est pas vous qui parlez, c'est l'Esprit de votre Père qui parle en vous." Matthieu 10:20. Alors, le Christ agissant en vous, vous manifesterez le même esprit et ferez les mêmes bonnes œuvres - des œuvres de justice, d'obéissance.

Nous n'avons donc rien en nous dont nous puissions nous vanter. Nous n'avons aucune raison de nous exalter. Notre seul motif d'espérance réside dans la justice du Christ qui nous est imputée et dans celle qui est produite par son Esprit agissant en nous et à travers nous.

Lorsque nous parlons de foi, il convient de garder à l'esprit une distinction. Il y a une sorte de croyance qui est tout à fait distincte de la foi. L'existence et la puissance de Dieu, la vérité de sa parole, sont des faits que même Satan et son armée ne peuvent nier. La Bible dit que "les démons aussi croient et tremblent", mais ce n'est pas de la foi. Jacques 2:19. Là où il n'y a pas seulement une croyance en la parole de Dieu, mais une soumission de la volonté à Lui ; là où le coeur lui est soumis, où les affections sont fixées sur Lui, il y a la foi - la foi qui agit par l'amour et purifie l'âme. Par cette foi, le coeur est renouvelé à l'image de Dieu. Et le cœur qui, dans son état non renouvelé, n'est pas soumis à la loi de Dieu, et ne peut l'être, se délecte maintenant de ses saints préceptes, s'exclamant avec le psalmiste : "Comme j'aime ta loi, elle est toute la journée ma méditation." Psaume 119:97. Et la justice de la loi s'accomplit en nous, "qui marchons non selon la chair, mais selon l'Esprit". Romains 8:1.

Il y a ceux qui ont connu l'amour de pardon du Christ et qui désirent vraiment être enfants de Dieu, mais qui se rendent compte que leur caractère est imparfait, que leur vie est défectueuse et qui sont prêts à douter que leur cœur ait été renouvelé par le Saint-Esprit. A ceux-là, je dirais : "Ne vous laissez pas aller au désespoir. Nous devrons souvent nous incliner et pleurer aux pieds de Jésus à cause de nos défauts et de nos erreurs, mais nous ne devons pas nous décourager. Même si nous sommes vaincus par l'ennemi, nous ne sommes pas rejetés, nous ne sommes pas abandonnés et rejetés de Dieu. Non, le Christ est à la droite de Dieu, qui intercède pour nous. Le bien-aimé Jean a dit : "Je vous écris ces choses, afin que vous ne péchiez point. Et si quelqu'un a péché, nous avons un avocat auprès du Père, Jésus-Christ le juste". 1 Jean 2:1. Et n'oubliez pas les paroles du Christ : "Le Père lui-même vous aime." Jean 16:27. Il désire vous ramener à lui, voir sa propre pureté et sa sainteté se refléter en vous. Et si vous vous abandonnez à lui, celui qui a commencé en vous une bonne oeuvre la poursuivra jusqu'au jour de Jésus-Christ. Priez avec plus de ferveur, croyez davantage. Au fur et à mesure que nous nous méfions de notre propre pouvoir, faisons confiance au pouvoir de notre Rédempteur, et nous louerons Celui qui est la santé de notre visage.

Plus vous vous rapprochez de Jésus, plus vous apparaissez défectueux à vos propres yeux, car votre vision est plus claire et vos imperfections apparaissent en contraste large et distinct avec sa nature parfaite. C'est la preuve que les illusions de Satan ont perdu leur pouvoir, que l'influence vivifiante de l'Esprit de Dieu vous réveille.

Aucun amour profond pour Jésus ne peut habiter un cœur qui ne se rend pas compte de son propre état de pécheur. L'âme transformée par la grâce du Christ admirera son caractère divin ; mais si nous ne voyons pas notre propre difformité morale, c'est une preuve indubitable que nous n'avons pas vu la beauté et l'excellence du Christ.

Moins nous nous estimerons nous-mêmes, plus nous nous estimerons dans la pureté et la beauté infinies de notre Sauveur. La vision de notre péché nous pousse vers celui qui peut pardonner ; et lorsque l'âme, réalisant son impuissance, tend la main vers le Christ, celui-ci se révèle avec puissance. Plus notre sentiment de besoin nous pousse vers lui et vers la parole de Dieu, plus nous aurons une vision exaltée de son caractère et plus nous refléterons pleinement son image.

Chapitre 8—Grandir en Christ

Le changement de cœur par lequel nous devenons enfants de Dieu est qualifié de naissance dans la Bible. Elle est également comparée à la germination du bon grain semé par le laboureur. De même, ceux qui viennent de se convertir au Christ doivent, "comme des enfants nouveau-nés", "grandir" jusqu'à atteindre la stature d'hommes et de femmes dans le Christ Jésus. 1 Pierre 2:2 ; Éphésiens 4:15. Ou, comme le bon grain semé dans le champ, ils doivent grandir et porter du fruit. Isaïe dit qu'ils seront "appelés arbres de justice, plantation du Seigneur, pour qu'il soit glorifié". Isaïe 61:3. C'est donc de la vie naturelle que sont tirées les illustrations qui nous aident à mieux comprendre les vérités mystérieuses de la vie spirituelle.

Toute la sagesse et l'habileté de l'homme ne peuvent pas produire la vie dans le plus petit objet de la nature. Ce n'est que par la vie que Dieu lui-même a transmise que les plantes et les animaux peuvent vivre. De même, ce n'est que par la vie de Dieu que la vie spirituelle est engendrée dans le cœur des hommes. Si un homme n'est pas "né d'en haut", il ne peut pas participer à la vie que le Christ est venu donner. Jean 3:3, marge.

Il en va de la croissance comme de la vie. C'est Dieu qui fait éclore le bourgeon et fructifier la fleur. C'est par sa puissance que la semence se développe, "d'abord le brin, puis l'épi, puis le grain entier dans l'épi". Marc 4:28. Le prophète Osée dit d'Israël qu'il "poussera comme le lis". "Ils reviendront à la vie comme le blé, et pousseront comme la vigne. Osée 14:5, 7. Et Jésus nous dit de "considérer les lys comme ils croissent". Luc 12:27. Les plantes et les fleurs ne poussent pas par leurs propres soins, leur anxiété ou leurs efforts, mais en recevant ce que Dieu a mis à leur disposition pour les aider à vivre. L'enfant ne peut pas, par sa propre anxiété ou son propre pouvoir, augmenter sa taille. Pas plus que vous ne pouvez assurer votre croissance spirituelle par vos propres efforts ou inquiétudes. La plante, l'enfant, grandit en recevant de son environnement ce qui contribue à sa vie : l'air, le soleil et la nourriture. Ce que ces dons de la nature sont pour l'animal et la plante, tel est le Christ pour ceux qui se confient en lui. Il est leur "lumière éternelle", "un soleil et un bouclier". Isaïe 60:19 ; Psaume 84:11. Il sera comme "la rosée pour Israël". "Il descendra comme la pluie sur l'herbe fauchée. Osée 14:5 ; Psaume 72:6. Il est l'eau vive, "le Pain de Dieu ... qui descend du ciel et qui donne la vie au monde". Jean 6:33.

Dans le don incomparable de son Fils, Dieu a entouré le monde entier d'une atmosphère de grâce aussi réelle que l'air qui circule autour du globe. Tous ceux qui choisissent de respirer cette atmosphère vivifiante vivront et grandiront jusqu'à atteindre la stature d'hommes et de femmes dans le Christ Jésus.

De même que la fleur se tourne vers le soleil pour que ses rayons lumineux l'aident à parfaire sa beauté et sa symétrie, de même devrions-nous nous tourner vers le Soleil de justice pour que la lumière du ciel brille sur nous et que notre caractère se développe à la ressemblance du Christ.

Jésus enseigne la même chose lorsqu'il dit : "Demeurez en moi, et moi en vous. Comme le sarment ne peut porter de fruit par lui-même, s'il ne demeure dans la vigne, vous ne le pouvez non plus, si vous ne demeurez en Moi.... Sans moi, vous ne pouvez rien faire. Jean 15:4, 5. Vous dépendez du Christ pour mener une vie sainte, tout comme le sarment dépend du cep pour croître et fructifier. En dehors de lui, vous n'avez pas de vie. Vous n'avez pas le pouvoir de résister à la tentation ou de croître en grâce et en sainteté. En demeurant en lui, vous pouvez prospérer. En tirant votre vie de Lui, vous ne vous dessécherez pas et vous ne serez pas stérile. Vous serez comme un arbre planté près des fleuves d'eau.

Beaucoup ont l'idée qu'ils doivent faire une partie du travail tout seuls. Ils se sont confiés au Christ pour le pardon de leurs péchés, mais ils cherchent maintenant à vivre correctement par leurs propres moyens. Mais tous ces efforts sont voués à l'échec. Jésus dit : "Sans moi, vous ne pouvez rien faire." Notre croissance dans la grâce, notre joie, notre utilité, tout dépend de notre union avec le Christ. C'est par la communion avec lui, chaque jour, chaque heure, en demeurant en lui, que nous devons grandir dans la grâce. Il n'est pas seulement l'Auteur, mais le Finisseur de notre foi. C'est Christ en premier, en dernier et toujours. Il doit être avec nous, non seulement au début et à la fin de notre parcours, mais à chaque étape du chemin. David dit : "Je mets l'Éternel toujours devant moi ; parce qu'il est à ma droite, je ne chancellerai pas". Psaume 16:8.

Vous demandez-vous : "Comment vais-je demeurer en Christ ?" De la même manière que vous l'avez reçu au début. "Comme vous avez reçu le Christ Jésus, le Seigneur, marchez en lui. "Le juste vivra par la foi. Colossiens 2:6 ; Hébreux 10:38. Vous vous êtes donné à Dieu, pour être entièrement à lui, pour le servir et lui obéir, et vous avez pris le Christ comme Sauveur. Vous ne pouviez pas vous-même expier vos péchés ou changer votre cœur ; mais après vous être donné à Dieu, vous croyez qu'il a fait tout cela pour vous à cause du Christ. C'est par la foi que vous êtes devenu le Christ, et c'est par la foi que vous devez grandir en Lui, en donnant et en prenant. Vous devez tout donner, votre cœur, votre volonté, votre service, vous donner à Lui pour obéir à toutes Ses exigences ; et vous devez tout prendre, Christ, la plénitude de toute bénédiction, pour demeurer dans votre cœur, pour être votre force, votre justice, votre aide éternelle, pour vous donner le pouvoir d'obéir.

Consacrez-vous à Dieu dès le matin ; faites-en votre première tâche. Faites en sorte que votre prière soit la suivante : "Prends-moi, Seigneur, comme étant entièrement à Toi. Je dépose tous mes projets à tes pieds. Utilise-moi aujourd'hui à Ton service. Reste avec moi, et que tout mon travail soit accompli en Toi". Il s'agit d'une affaire quotidienne. Chaque matin, consacrez-vous à Dieu pour la journée. Remettez-lui tous vos projets, pour qu'ils soient réalisés ou abandonnés selon les indications de sa providence. Ainsi, jour après jour, vous pouvez remettre votre vie entre les mains de Dieu, et votre vie sera de plus en plus modelée à l'image de celle du Christ.

Une vie en Christ est une vie de repos. Il n'y a peut-être pas d'extase dans les sentiments, mais il doit y avoir une confiance constante et paisible. Votre espérance n'est pas en vous, elle est en Christ. Votre faiblesse est unie à sa force, votre ignorance à sa sagesse, votre fragilité à sa puissance durable. Vous ne devez donc pas vous tourner vers vous-même, ne pas laisser votre esprit s'attarder sur vous-même, mais regarder vers le Christ. Laissez votre esprit s'attarder sur son amour, sur la beauté, la perfection de son caractère. Le Christ dans son abnégation, le Christ dans son humiliation, le Christ dans sa pureté et sa sainteté, le Christ dans son amour incomparable, voilà le sujet de contemplation de l'âme. C'est en l'aimant, en le copiant, en dépendant entièrement de lui que vous devez être transformés à sa ressemblance.

Jésus dit : "Demeurez en moi". Ces mots expriment l'idée de repos, de stabilité, de confiance. Il invite à nouveau : "Venez à moi, ... et je vous donnerai du repos". Matthieu 11:28. Les paroles du psalmiste expriment la même pensée : "Reposez-vous en l'Éternel, et attendez-le avec patience". Et Isaïe donne l'assurance : "Ta force sera dans le calme et la confiance". Psaume 37:7 ; Isaïe 30:15. Ce repos ne se trouve pas dans l'inactivité, car dans l'invitation du Sauveur, la promesse de repos est unie à l'appel au travail : "Prenez mon joug sur vous et vous trouverez le repos. Matthieu 11:29. Le cœur qui se repose le plus sur le Christ sera le plus sérieux et le plus actif dans son travail pour lui.

Lorsque l'esprit s'attarde sur lui-même, il se détourne du Christ, source de force et de vie. C'est pourquoi Satan s'efforce constamment de détourner l'attention du Sauveur et d'empêcher ainsi l'union et la communion de l'âme avec le Christ. Les plaisirs du monde, les soucis, les perplexités et les chagrins de la vie, les fautes des autres, ou vos propres fautes et imperfections - tout cela, ou n'importe lequel de ces éléments, il cherchera à détourner l'esprit. Ne vous laissez pas tromper par ses stratagèmes. Beaucoup de ceux qui sont vraiment consciencieux et qui désirent vivre pour Dieu sont trop souvent amenés à s'attarder sur leurs propres fautes et faiblesses, et c'est ainsi qu'il espère remporter la victoire en les séparant du Christ. Nous ne devrions pas nous centrer sur nous-mêmes et nous laisser aller à l'anxiété et à la crainte de savoir si nous serons sauvés. Tout cela détourne l'âme de la

Source de notre force. Confiez la garde de votre âme à Dieu et ayez confiance en Lui. Parlez et pensez à Jésus. Laissez-vous perdre en Lui. Éliminez tous vos doutes, chassez vos craintes. Dites avec l'apôtre Paul : "Je vis ; mais ce n'est pas moi, c'est Christ qui vit en moi ; et la vie que je mène maintenant dans la chair, je la mène par la foi au Fils de Dieu, qui m'a aimé et qui s'est donné lui-même pour moi". Galates 2:20. Reposez-vous en Dieu. Il est capable de garder ce que vous lui avez confié. Si vous vous abandonnez entre ses mains, il vous fera sortir plus que vainqueur par celui qui vous a aimés.

Lorsque le Christ a pris sur lui la nature humaine, il a lié l'humanité à lui-même par un lien d'amour qui ne peut être rompu par aucune puissance, si ce n'est par le choix de l'homme lui-même. Satan présentera constamment des attraits pour nous inciter à rompre ce lien - à choisir de nous séparer du Christ. C'est ici que nous devons veiller, nous efforcer, prier, afin que rien ne nous incite à choisir un autre maître, car nous sommes toujours libres de le faire. Mais gardons les yeux fixés sur le Christ, et il nous préservera. En regardant vers Jésus, nous sommes en sécurité. Rien ne peut nous arracher de sa main. En le regardant constamment, nous "sommes transformés en la même image, de gloire en gloire, comme par l'Esprit du Seigneur". 2 Corinthiens 3:18.

C'est ainsi que les premiers disciples ont appris à ressembler au cher Sauveur. Lorsque ces disciples ont entendu les paroles de Jésus, ils ont senti qu'ils avaient besoin de lui. Ils l'ont cherché, ils l'ont trouvé, ils l'ont suivi. Ils étaient avec lui dans la maison, à table, dans l'armoire, dans les champs. Ils étaient avec lui comme des élèves avec un maître, recevant chaque jour de ses lèvres les leçons de la sainte vérité. Ils se tournaient vers lui, comme des serviteurs vers leur maître, pour apprendre leur devoir. Ces disciples étaient des hommes "sujets à des passions semblables aux nôtres". Jacques 5:17. Ils avaient le même combat à mener contre le péché. Ils avaient besoin de la même grâce pour mener une vie sainte.

Même Jean, le disciple bien-aimé, celui qui reflétait le mieux la ressemblance avec le Sauveur, ne possédait pas naturellement cette beauté de caractère. Non seulement il s'affirmait et ambitionnait les honneurs, mais il était impétueux et rancunier lorsqu'on le blessait. Mais lorsque le caractère du Divin lui a été montré, il a vu ses propres lacunes et a été humilié par cette connaissance. La force et la patience, la puissance et la tendresse, la majesté et la douceur, qu'il voyait dans la vie quotidienne du Fils de Dieu, remplissaient son âme d'admiration et d'amour. Jour après jour, son cœur se tournait vers le Christ, jusqu'à ce qu'il se perde dans l'amour de son Maître. Son tempérament rancunier et ambitieux a été soumis au pouvoir de modelage du Christ. L'influence régénératrice du Saint-Esprit renouvelle son cœur. La puissance de l'amour du Christ a transformé son caractère. C'est le résultat certain de l'union avec Jésus. Lorsque le Christ demeure dans le cœur, la nature entière est transformée. L'Esprit du Christ, son amour, adoucit le cœur, soumet l'âme et élève les pensées et les désirs vers Dieu et le ciel.

Lorsque le Christ est monté au ciel, le sentiment de sa présence était encore présent chez ses disciples. C'était une présence personnelle, pleine d'amour et de lumière. Jésus, le Sauveur, qui avait marché, parlé et prié avec eux, qui avait parlé d'espoir et de réconfort à leurs cœurs, avait, alors que le message de paix était encore sur ses lèvres, été enlevé d'eux au ciel, et les tons de sa voix leur étaient revenus, tandis que la nuée d'anges le recevait : "Voici, je suis avec vous tous les jours, jusqu'à la fin du monde". Matthieu 28:20. Il était monté au ciel sous la forme d'un être humain. Ils savaient qu'il était toujours devant le trône de Dieu, leur Ami et leur Sauveur ; que ses sympathies étaient inchangées ; qu'il s'identifiait toujours à l'humanité souffrante. Il présentait devant Dieu les mérites de son propre sang précieux, montrant ses mains et ses pieds blessés, en souvenir du prix qu'il avait payé pour ses rachetés. Ils savaient qu'il était monté au ciel pour leur préparer des places, et qu'il reviendrait les prendre avec lui.

Lorsqu'ils se sont réunis après l'ascension, ils étaient impatients de présenter leurs demandes au Père au nom de Jésus. Dans une crainte solennelle, ils s'inclinèrent dans la prière, répétant l'assurance : "Tout ce que vous demanderez au Père en mon nom, il vous le donnera. Jusqu'à présent, vous n'avez rien demandé en mon nom ; demandez, et vous recevrez, afin que votre joie soit complète." Jean 16:23, 24. Ils ont tendu la main de la foi de plus en plus haut, avec le puissant argument suivant : "C'est le Christ qui est mort, ou plutôt qui est ressuscité, qui est à la droite de Dieu, et qui intercède pour nous." Romains 8:34. La Pentecôte leur apporta la présence du Consolateur, dont le Christ avait dit qu'il "serait en vous". Il avait ajouté : "Il est bon pour vous que je m'en aille ; car si je ne m'en vais pas, le Consolateur ne viendra pas à vous ; mais si je m'en vais, je vous l'enverrai." Jean 14:17 ; 16:7. Désormais, par l'Esprit, le Christ devait demeurer continuellement dans le cœur de ses enfants. Leur union avec lui était plus étroite que lorsqu'il était personnellement avec eux. La lumière, l'amour et la puissance du Christ intérieur rayonnaient à travers eux, de sorte que les hommes, en les regardant, "étaient dans l'étonnement, et ils prenaient connaissance du fait qu'ils avaient été avec Jésus". Actes 4:13.

Tout ce que le Christ a été pour les disciples, il désire l'être pour ses enfants aujourd'hui ; car dans sa dernière prière, avec le petit groupe de disciples rassemblés autour de lui, il a dit : "Je ne prie pas pour ceux-ci seulement, mais pour ceux qui croiront en moi par leur parole." Jean 17:20.

Jésus a prié pour nous, et il a demandé que nous soyons un avec lui, comme il est un avec le Père. Quelle union ! Le Sauveur a dit de lui-même : "Le Fils ne peut rien faire de lui-même" ; "le Père qui demeure en moi fait les oeuvres". Jean 5:19 ; 14:10. Si Christ habite dans nos cœurs, il travaillera en nous "pour vouloir et pour faire ce qui est conforme à son bon plaisir". Philippiens 2:13. Nous travaillerons comme il a travaillé ; nous manifesterons le même esprit. Ainsi, en l'aimant et en demeurant en lui, nous "croîtrons à tous égards en lui, qui est le chef, le Christ". Éphésiens 4:15.

Chapitre 9—Le travail et la vie

Dieu est la source de vie, de lumière et de joie de l'univers. Comme les rayons de lumière du soleil, comme les courants d'eau qui jaillissent d'une source vive, les bénédictions jaillissent de lui vers toutes ses créatures. Et partout où la vie de Dieu se trouve dans le cœur des hommes, elle se répandra sur les autres en amour et en bénédiction.

La joie de notre Sauveur résidait dans le relèvement et la rédemption des hommes déchus. Pour cela, il n'a pas tenu compte de sa vie, mais il a enduré la croix, méprisant l'ignominie. Les anges sont donc toujours occupés à travailler pour le bonheur des autres. Telle est leur joie. Ce que les cœurs égoïstes considéreraient comme un service humiliant, le fait de s'occuper de ceux qui sont misérables et à tous égards inférieurs en caractère et en rang, est l'œuvre d'anges sans péché. L'esprit de l'amour du Christ qui se sacrifie est l'esprit qui imprègne le ciel et qui est l'essence même de sa félicité. C'est l'esprit que les disciples du Christ posséderont, l'œuvre qu'ils accompliront.

Lorsque l'amour du Christ est enchâssé dans le cœur, il ne peut être caché, comme un doux parfum. Sa sainte influence sera ressentie par tous ceux avec qui nous entrons en contact. L'esprit du Christ dans le cœur est comme une source dans le désert, coulant pour rafraîchir tout le monde et rendant ceux qui sont prêts à périr, désireux de boire l'eau de la vie.

L'amour pour Jésus se manifestera par le désir de travailler comme il l'a fait pour la bénédiction et l'élévation de l'humanité. Il conduira à l'amour, à la tendresse et à la sympathie envers toutes les créatures dont s'occupe notre Père céleste.

La vie du Sauveur sur terre n'a pas été une vie de facilité et de dévotion à lui-même, mais il a travaillé avec persévérance, sérieux et inlassablement pour le salut de l'humanité perdue. De la crèche au Calvaire, il a suivi le chemin de l'abnégation et a cherché à ne pas être libéré de tâches ardues, de voyages pénibles, de soins et de travaux épuisants. Il a dit : "Le Fils de l'homme n'est pas venu pour être servi, mais pour servir et donner sa vie en rançon pour beaucoup". Matthieu 20:28. C'était le seul grand objectif de sa vie. Tout le reste était secondaire et subordonné. Sa nourriture et sa boisson consistaient à faire la volonté de Dieu et à achever son œuvre. L'égoïsme et l'intérêt personnel n'avaient aucune part dans son travail.

Ainsi, ceux qui participent à la grâce du Christ seront prêts à faire n'importe quel sacrifice pour que d'autres, pour qui il est mort, puissent partager le don céleste. Ils feront tout ce qu'ils peuvent pour rendre le monde meilleur pour leur séjour. Cet esprit est l'aboutissement certain d'une âme véritablement convertie. Dès que quelqu'un vient au Christ, naît dans son coeur le désir de faire connaître aux autres l'ami précieux qu'il a trouvé en Jésus ; la vérité salvatrice et sanctifiante ne peut être enfermée dans son coeur. Si nous sommes revêtus de la justice du Christ et remplis de la joie de son Esprit intérieur, nous ne pourrons pas nous taire. Si nous avons goûté et vu que le Seigneur est bon, nous aurons quelque chose à dire. Comme Philippe lorsqu'il a trouvé le Sauveur, nous inviterons les autres en sa présence. Nous chercherons à leur présenter les attraits du Christ et les réalités invisibles du monde à venir. Il y aura un désir intense de suivre le chemin que Jésus a emprunté. Nous désirerons ardemment que ceux qui nous entourent puissent "contempler l'Agneau de Dieu, qui ôte le péché du monde". Jean 1:29.

Et l'effort pour bénir les autres se traduira par des bénédictions pour nous-mêmes. Tel était le but de Dieu en nous donnant un rôle à jouer dans le plan de la rédemption. Il a accordé aux hommes le privilège de participer à la nature divine et, à leur tour, de répandre des bénédictions sur leurs semblables. C'est le plus grand honneur, la plus grande joie que Dieu puisse accorder aux hommes. Ceux qui participent ainsi à des œuvres d'amour se rapprochent de leur Créateur.

Dieu aurait pu confier le message de l'Évangile et toute l'œuvre du ministère d'amour aux anges célestes. Il aurait pu employer d'autres moyens pour accomplir son dessein. Mais dans son amour infini, il a choisi de faire de nous des collaborateurs de lui-même, du Christ et des anges, afin que nous puissions partager la bénédiction, la joie et l'élévation spirituelle qui résultent de ce ministère désintéressé.

Nous sommes amenés à sympathiser avec le Christ par la communion de ses souffrances. Tout acte d'abnégation pour le bien d'autrui renforce l'esprit de bienfaisance dans le coeur de celui qui le donne, l'associant plus étroitement au Rédempteur du monde, qui "était riche, mais qui, pour vous, ... s'est fait pauvre, afin que, par sa pauvreté, vous deveniez riches". 2 Corinthiens 8:9. Et ce n'est qu'en accomplissant le dessein divin dans notre création que la vie peut être une bénédiction pour nous.

Si vous vous mettez au travail comme le Christ veut que ses disciples le fassent, et si vous gagnez des âmes pour lui, vous ressentirez le besoin d'une expérience plus profonde et d'une plus grande connaissance des choses divines, et vous aurez faim et soif de justice. Vous implorerez Dieu, votre foi sera fortifiée et votre âme s'abreuvera plus profondément au puits du salut. La rencontre de l'opposition et des épreuves vous poussera à lire la Bible et à prier. Vous grandirez dans la grâce et la connaissance du Christ, et vous développerez une riche expérience.

L'esprit de travail désintéressé pour les autres donne de la profondeur, de la stabilité et une beauté christique au caractère, et apporte la paix et le bonheur à celui qui le possède. Les aspirations sont élevées. Il n'y a pas de place pour la paresse ou l'égoïsme. Ceux qui exercent ainsi les grâces chrétiennes grandiront et deviendront forts pour travailler pour Dieu. Ils auront des perceptions spirituelles claires, une foi stable et croissante, et une force accrue dans la prière. L'Esprit de Dieu, agissant sur leur esprit, appelle les harmonies sacrées de l'âme en réponse à la touche divine. Ceux qui se consacrent ainsi à des efforts désintéressés pour le bien d'autrui travaillent très certainement à leur propre salut.

La seule façon de grandir dans la grâce est d'accomplir de façon désintéressée le travail même que le Christ nous a enjoint - de nous engager, dans la mesure de nos capacités, à aider et à bénir ceux qui ont besoin de l'aide que nous pouvons leur apporter. La force vient de l'exercice ; l'activité est la condition même de la vie. Ceux qui s'efforcent de maintenir la vie chrétienne en acceptant passivement les bénédictions qui viennent par les moyens de la grâce, et en ne faisant rien pour le Christ, essaient simplement de vivre en mangeant sans travailler. Et dans le monde spirituel comme dans le monde naturel, cela aboutit toujours à la dégénérescence et à la décadence. Un homme qui refuserait d'exercer ses membres perdrait bientôt tout pouvoir de s'en servir. Ainsi, le chrétien qui n'exerce pas les pouvoirs que Dieu lui a donnés, non seulement ne grandit pas en Christ, mais perd la force qu'il avait déjà.

L'Église du Christ est l'organisme désigné par Dieu pour le salut des hommes. Sa mission est de porter l'Évangile au monde. Cette obligation incombe à tous les chrétiens. Chacun, dans la mesure de ses talents et de ses possibilités, doit remplir la mission du Sauveur. L'amour du Christ, qui nous a été révélé, nous rend redevables envers tous ceux qui ne le connaissent pas. Dieu nous a donné la lumière, non pour nous seuls, mais pour qu'elle les éclaire.

Si les disciples du Christ étaient conscients de leur devoir, ils seraient des milliers là où il n'y en a qu'un aujourd'hui à proclamer l'Evangile dans les pays païens. Et tous ceux qui ne peuvent pas s'engager personnellement dans l'œuvre la soutiendraient néanmoins par leurs moyens, leur sympathie et leurs prières. Et il y aurait beaucoup plus de travail sérieux pour les âmes dans les pays chrétiens.

Nous n'avons pas besoin d'aller dans les pays païens, ni même de quitter le cercle étroit du foyer, si c'est là que se trouve notre devoir, afin de travailler pour le Christ. Nous pouvons le faire dans le cercle familial, dans l'église, parmi ceux que nous fréquentons et avec qui nous faisons des affaires.

La plus grande partie de la vie de notre Sauveur sur terre s'est déroulée dans le labeur patient de l'atelier du charpentier à Nazareth. Des anges bienveillants ont assisté le Seigneur de la vie alors qu'il marchait côte à côte avec des paysans et des ouvriers, sans être reconnu ni honoré. Il accomplissait aussi fidèlement sa mission en travaillant à son humble métier que lorsqu'il guérissait les malades ou marchait sur les vagues de Galilée balayées par la tempête. Ainsi, dans les tâches les plus humbles et les positions les plus modestes de la vie, nous pouvons marcher et travailler avec Jésus.

L'apôtre dit : "Que chacun, dans la mesure où il est appelé, demeure auprès de Dieu". 1 Corinthiens 7:24. L'homme d'affaires peut conduire ses affaires d'une manière qui glorifie son Maître en raison de sa fidélité. S'il est un vrai disciple du Christ, il portera sa religion dans tout ce qu'il fera et révélera aux hommes l'esprit du Christ. Le mécanicien peut être un représentant diligent et fidèle de Celui qui a peiné dans les basses besognes de la vie sur les collines de Galilée. Quiconque porte le nom du Christ devrait travailler de telle sorte que les autres, en voyant ses bonnes oeuvres, soient amenés à glorifier leur Créateur et Rédempteur.

Nombreux sont ceux qui se sont excusés de ne pas mettre leurs dons au service du Christ parce que d'autres possédaient des dons et des avantages supérieurs. L'opinion a prévalu que seuls ceux qui sont particulièrement doués sont tenus de consacrer leurs capacités au service de Dieu. Beaucoup ont fini par comprendre que les talents ne sont accordés qu'à une certaine classe privilégiée, à l'exclusion des autres qui, bien entendu, ne sont pas appelés à partager les efforts ou les récompenses. Mais ce n'est pas le cas dans la parabole. Lorsque le maître de maison a appelé ses serviteurs, il a donné à chacun son travail.

Avec un esprit d'amour, nous pouvons accomplir les tâches les plus humbles de la vie "comme pour le Seigneur". Colossiens 3:23. Si l'amour de Dieu est dans le coeur, il se manifestera dans la vie. La douce saveur du Christ nous entourera, et notre influence élèvera et bénira.

Vous ne devez pas attendre de grandes occasions ou des capacités extraordinaires avant de travailler pour Dieu. Vous ne devez pas vous préoccuper de ce que le monde pensera de vous. Si votre vie quotidienne témoigne de la pureté et de la sincérité de votre foi, et si les autres sont convaincus que vous désirez leur apporter un bénéfice, vos efforts ne seront pas totalement perdus.

Les plus humbles et les plus pauvres des disciples de Jésus peuvent être une bénédiction pour les autres. Ils ne se rendent peut-être pas compte qu'ils font un bien particulier, mais par leur influence inconsciente, ils peuvent déclencher des vagues de bénédiction qui s'étendront et s'approfondiront, et dont ils ne connaîtront peut-être jamais les résultats jusqu'au jour de la récompense finale. Ils ne sentent pas et ne savent pas qu'ils font quelque chose de grand. Ils n'ont pas à se fatiguer avec l'anxiété du succès. Ils n'ont qu'à avancer tranquillement, en accomplissant fidèlement le travail que la providence de Dieu leur assigne, et leur vie ne sera pas vaine. Leur propre âme grandira de plus en plus à la ressemblance du Christ ; ils sont des ouvriers avec Dieu dans cette vie et sont ainsi préparés pour le travail plus élevé et la joie sans ombre de la vie à venir.

Chapitre 10—La connaissance de Dieu

Nombreux sont les moyens par lesquels Dieu cherche à se faire connaître de nous et à nous faire entrer en communion avec lui. La nature parle sans cesse à nos sens. Le cœur ouvert sera impressionné par l'amour et la gloire de Dieu tels qu'ils se révèlent à travers les œuvres de ses mains. L'oreille attentive peut entendre et comprendre les communications de Dieu à travers les choses de la nature. Les champs verdoyants, les arbres majestueux, les bourgeons et les fleurs, le nuage qui passe, la pluie qui tombe, le ruisseau qui murmure, les gloires des cieux, parlent à nos cœurs et nous invitent à faire connaissance avec Celui qui les a tous créés.

Notre Sauveur a lié ses précieuses leçons aux choses de la nature. Les arbres, les oiseaux, les fleurs des vallées, les collines, les lacs et les magnifiques cieux, ainsi que les incidents et l'environnement de la vie quotidienne, étaient tous liés aux paroles de vérité, afin que ses leçons puissent être souvent rappelées à l'esprit, même au milieu des soucis de la vie de labeur de l'homme.

Dieu voudrait que ses enfants apprécient ses œuvres et se réjouissent de la beauté simple et tranquille avec laquelle il a orné notre maison terrestre. Il aime ce qui est beau, et plus que tout ce qui est attrayant extérieurement, il aime la beauté du caractère ; il voudrait que nous cultivions la pureté et la simplicité, les grâces tranquilles des fleurs.

Si nous voulons bien les écouter, les œuvres créées par Dieu nous donneront de précieuses leçons d'obéissance et de confiance. Depuis les étoiles qui, dans leur course sans fin à travers l'espace, suivent d'âge en âge le chemin qui leur a été tracé, jusqu'au plus petit atome, les choses de la nature obéissent à la volonté du Créateur. Dieu prend soin de tout et soutient tout ce qu'il a créé. Celui qui soutient les mondes innombrables dans l'immensité, se soucie en même temps des besoins du petit moineau brun qui chante son humble chanson sans crainte. Quand l'homme va à son travail quotidien, comme quand il se livre à la prière ; quand il se couche le soir et quand il se lève le matin ; quand le riche festoie dans son palais, ou quand le pauvre rassemble ses enfants autour de la maigre pension, chacun est tendrement surveillé par le Père céleste. Il n'y a pas de larmes versées que Dieu ne remarque pas. Il n'y a pas de sourire qu'il ne remarque pas.

Si nous y croyions pleinement, toutes les inquiétudes inutiles disparaîtraient. Nos vies ne seraient pas aussi remplies de déceptions qu'aujourd'hui, car tout, grand ou petit, serait laissé entre les mains de Dieu, qui n'est pas dérouté par la multiplicité des soucis, ni accablé par leur poids. Nous jouirions alors d'un repos de l'âme auquel beaucoup sont étrangers depuis longtemps.

Tandis que vos sens se délectent de la beauté attrayante de la terre, pensez au monde à venir, qui ne connaîtra jamais le fléau du péché et de la mort, où le visage de la nature ne portera plus l'ombre de la malédiction. Laissez votre imagination se représenter la demeure des sauvés, et souvenez-vous qu'elle sera plus glorieuse que votre imagination la plus brillante ne peut le faire. Dans les divers dons de Dieu dans la nature, nous ne voyons qu'une faible lueur de sa gloire. Il est écrit : "L'oeil n'a pas vu, l'oreille n'a pas entendu, et il n'est pas entré dans le coeur de l'homme ce que Dieu a préparé pour ceux qui l'aiment". 1 Corinthiens 2:9.

Le poète et le naturaliste ont beaucoup de choses à dire sur la nature, mais c'est le chrétien qui apprécie le plus la beauté de la terre, parce qu'il reconnaît l'oeuvre de son Père et perçoit son amour dans les fleurs, les arbustes et les arbres. Personne ne peut apprécier pleinement la signification des collines et des vallées, des rivières et des mers, s'il ne les considère pas comme l'expression de l'amour de Dieu pour l'homme.

Dieu nous parle par son action providentielle et par l'influence de son Esprit sur le cœur. Dans nos circonstances et notre environnement, dans les changements qui se produisent quotidiennement autour de nous, nous pouvons trouver de précieuses leçons si nos cœurs sont ouverts pour les discerner. Le psalmiste, retraçant l'œuvre de la providence de Dieu, dit : "La terre est pleine de la bonté de l'Éternel". "Celui qui est sage et qui observe ces choses comprendra la bonté de l'Éternel. Psaume 33:5 ; 107:43.

Dieu nous parle dans sa parole. C'est là que nous avons une révélation plus claire de son caractère, de ses relations avec les hommes et de la grande œuvre de la rédemption. L'histoire des patriarches, des prophètes et des autres saints hommes de l'antiquité s'ouvre devant nous. Ils étaient des hommes "sujets à des passions semblables aux nôtres". Jacques 5:17. Nous voyons comment ils ont lutté contre des découragements semblables aux nôtres, comment ils ont succombé à la tentation comme nous l'avons fait, mais ont repris courage et ont vaincu grâce à la grâce de Dieu ; et, en regardant cela, nous sommes encouragés dans nos efforts vers la justice. En lisant les précieuses expériences qui leur ont été accordées, la lumière, l'amour et la bénédiction dont ils ont pu jouir, et l'œuvre qu'ils ont accomplie grâce à la grâce qui leur a été donnée, l'esprit qui les a inspirés allume une flamme de sainte émulation dans nos cœurs et un désir d'être comme eux dans leur caractère - comme eux pour marcher avec Dieu.

Jésus a dit des Ecritures de l'Ancien Testament - et combien plus est-ce vrai pour le Nouveau - "Ce sont elles qui rendent témoignage de moi", le Rédempteur, celui en qui sont centrées nos espérances de vie éternelle. Jean 5:39. Oui, toute la Bible parle du Christ. Depuis le premier récit de la création - "rien de ce qui a été fait n'a été fait sans lui" - jusqu'à la promesse finale, "Voici, je viens bientôt", nous lisons ses oeuvres et nous écoutons sa voix. Jean 1:3 ; Apocalypse 22:12. Si vous voulez connaître le Sauveur, étudiez les Saintes Ecritures.

Remplissez tout votre cœur des paroles de Dieu. Elles sont l'eau vive qui étanche votre soif ardente. Elles sont le pain vivant venu du ciel. Jésus déclare : "Si vous ne mangez pas la chair du Fils de l'homme et si vous ne buvez pas son sang, vous n'avez pas la vie en vous". Et il s'explique en disant : "Les paroles que je vous dis sont esprit et vie." Jean 6:53, 63. Notre corps se construit à partir de ce que nous mangeons et buvons ; et comme dans l'économie naturelle, il en va de même dans l'économie spirituelle : c'est ce que nous méditons qui donnera tonus et force à notre nature spirituelle.

Le thème de la rédemption est un thème que les anges désirent étudier ; il sera la science et le chant des rachetés pendant les âges incessants de l'éternité. Ne mérite-t-il pas d'être pensé et étudié attentivement dès maintenant ? La miséricorde et l'amour infinis de Jésus, le sacrifice accompli en notre faveur, appellent la réflexion la plus sérieuse et la plus solennelle. Nous devrions nous arrêter sur le caractère de notre cher Rédempteur et Intercesseur. Nous devrions méditer sur la mission de Celui qui est venu sauver son peuple de ses péchés. En contemplant ainsi les thèmes célestes, notre foi et notre amour se renforceront, et nos prières seront de plus en plus acceptables pour Dieu, parce qu'elles seront de plus en plus mêlées à la foi et à l'amour. Elles seront intelligentes et ferventes. Il y aura une confiance plus constante en Jésus et une expérience quotidienne et vivante de son pouvoir de sauver jusqu'à l'extrême tous ceux qui viennent à Dieu par lui.

En méditant sur les perfections du Sauveur, nous désirerons être entièrement transformés et renouvelés à l'image de sa pureté. Nous aurons faim et soif de ressembler à celui que nous adorons. Plus nos pensées seront tournées vers le Christ, plus nous parlerons de lui aux autres et le représenterons aux yeux du monde.

La Bible n'a pas été écrite pour les seuls érudits ; au contraire, elle a été conçue pour le commun des mortels. Les grandes vérités nécessaires au salut y sont exposées aussi clairement qu'en plein midi ; et personne ne se trompera et ne se perdra, sauf ceux qui suivent leur propre jugement au lieu de la volonté clairement révélée de Dieu.

Nous ne devons pas accepter le témoignage d'un homme sur ce qu'enseignent les Écritures, mais étudier les paroles de Dieu pour nous-mêmes. Si nous permettons à d'autres de penser, nous aurons des énergies paralysées et des capacités réduites. Les nobles pouvoirs de l'esprit peuvent être tellement affaiblis par le manque d'exercice sur des thèmes dignes de leur concentration qu'ils perdent leur capacité à saisir le sens profond de la parole de Dieu. L'esprit s'élargira s'il est employé à tracer les relations entre les sujets de la

Bible, à comparer les Ecritures avec les Ecritures et les choses spirituelles avec les choses spirituelles.

Il n'y a rien de mieux que l'étude des Écritures pour fortifier l'intellect. Aucun autre livre n'est aussi capable d'élever les pensées, de donner de la vigueur aux facultés, que les vérités larges et ennoblissantes de la Bible. Si la parole de Dieu était étudiée comme elle devrait l'être, les hommes auraient une largeur d'esprit, une noblesse de caractère et une stabilité de but rarement vues de nos jours.

Mais une lecture hâtive des Ecritures n'apporte que peu d'avantages. On peut lire la Bible en entier et pourtant ne pas en voir la beauté ou ne pas en comprendre le sens profond et caché. Un seul passage étudié jusqu'à ce que sa signification soit claire pour l'esprit et que sa relation avec le plan du salut soit évidente, a plus de valeur que la lecture de nombreux chapitres sans but précis et sans instruction positive. Gardez votre Bible avec vous. Dès que vous en avez l'occasion, lisez-la ; fixez les textes dans votre mémoire. Même en marchant dans la rue, vous pouvez lire un passage et le méditer, le fixant ainsi dans votre esprit.

Nous ne pouvons pas obtenir la sagesse sans une attention sérieuse et une étude dans la prière. Certaines parties de l'Écriture sont en effet trop claires pour être mal comprises, mais il y en a d'autres dont le sens ne se trouve pas à la surface pour être vu d'un seul coup d'œil. Les Écritures doivent être comparées entre elles. Il faut faire des recherches approfondies et réfléchir dans la prière. Et cette étude sera richement récompensée. De même que le mineur découvre des veines de métal précieux cachées sous la surface de la terre, de même celui qui cherche avec persévérance dans la Parole de Dieu comme dans un trésor caché trouvera des vérités de la plus grande valeur, qui sont cachées à la vue du chercheur négligent. Les paroles de l'inspiration, méditées dans le cœur, seront comme des ruisseaux qui coulent de la fontaine de vie.

Il ne faut jamais étudier la Bible sans prier. Avant d'ouvrir ses pages, nous devons demander l'illumination du Saint-Esprit, et elle nous sera donnée. Lorsque Nathanaël s'approcha de Jésus, le Sauveur s'exclama : "Voici un Israélite qui n'a rien de malin ! Nathanaël dit : "D'où me connais-tu ?". Jésus répondit : "Avant que Philippe t'appelle, quand tu étais sous le figuier, je t'ai vu." Jean 1:47, 48. Et Jésus nous verra aussi dans les lieux secrets de la prière si nous le cherchons pour obtenir la lumière qui nous permettra de connaître la vérité. Les anges du monde de la lumière seront avec ceux qui, dans l'humilité de leur cœur, cherchent à être guidés par Dieu.

Le Saint-Esprit exalte et glorifie le Sauveur. Il a pour mission de présenter le Christ, la pureté de sa justice et le grand salut dont nous bénéficions grâce à lui. Jésus dit : "Il recevra de moi ce que j'ai reçu, et il vous l'annoncera." Jean 16:14. L'Esprit de vérité est le seul maître efficace de la vérité divine. Quelle estime Dieu doit-il avoir pour la race humaine, puisqu'il a donné son Fils pour mourir pour elle et qu'il désigne son Esprit pour être le maître et le guide permanent de l'homme !

Chapitre 11—Le privilège de la prière

Par la nature et la révélation, par sa providence et par l'influence de son Esprit, Dieu nous parle. Mais cela ne suffit pas ; nous devons aussi lui déverser notre cœur. Pour avoir une vie et une énergie spirituelles, nous devons avoir une relation réelle avec notre Père céleste. Notre esprit peut être tourné vers lui, nous pouvons méditer sur ses œuvres, ses miséricordes, ses bénédictions, mais ce n'est pas, dans le sens le plus complet du terme, une communion avec lui. Pour communier avec Dieu, nous devons avoir quelque chose à lui dire concernant notre vie actuelle.

La prière est l'ouverture du cœur à Dieu comme à un ami. Non pas qu'elle soit nécessaire pour faire connaître à Dieu ce que nous sommes, mais pour nous permettre de le recevoir. La prière ne fait pas descendre Dieu vers nous, mais nous fait monter vers Lui.

Lorsque Jésus était sur terre, il a enseigné à ses disciples comment prier. Il leur a demandé de présenter à Dieu leurs besoins quotidiens et de lui confier tous leurs soucis. Et l'assurance qu'il leur donnait que leurs demandes seraient entendues est aussi une assurance pour nous.

Jésus lui-même, lorsqu'il vivait parmi les hommes, était souvent en prière. Notre Sauveur s'est identifié à nos besoins et à nos faiblesses, en devenant un suppliant, un demandeur, cherchant auprès de son Père de nouvelles réserves de force, afin d'être prêt à affronter le devoir et l'épreuve. Il est notre exemple en toutes choses. Il est un frère dans nos infirmités, "tenté en tous points comme nous" ; mais en tant qu'être sans péché, sa nature a reculé devant le mal ; il a enduré les luttes et les tortures de l'âme dans un monde de péché. Son humanité a fait de la prière une nécessité et un privilège. Il a trouvé le réconfort et la joie dans la communion avec son Père. Et si le Sauveur des hommes, le Fils de Dieu, a ressenti le besoin de prier, combien plus les mortels faibles et pécheurs devraient-ils ressentir la nécessité d'une prière fervente et constante.

Notre Père céleste attend de nous accorder la plénitude de sa bénédiction. Nous avons le privilège de nous abreuver largement à la fontaine de l'amour sans limites. Il est étonnant que nous priions si peu ! Dieu est prêt à entendre la prière sincère du plus humble de ses enfants, et pourtant nous sommes manifestement réticents à lui faire connaître nos besoins. Que peuvent penser les anges du ciel des pauvres êtres humains sans défense, soumis à la tentation, alors que le cœur de Dieu, d'un amour infini, soupire vers eux, prêt à leur donner plus qu'ils ne peuvent demander ou penser, et que pourtant ils prient si peu et ont si peu de foi ? Les anges aiment se prosterner devant Dieu, ils aiment être près de lui. Ils considèrent la communion avec Dieu comme leur plus grande joie ; et pourtant les enfants de la terre, qui ont tant besoin de l'aide que Dieu seul peut donner, semblent satisfaits de marcher sans la lumière de son Esprit, sans la compagnie de sa présence.

Les ténèbres du malin enferment ceux qui négligent de prier. Les tentations chuchotées de l'ennemi les poussent au péché, et tout cela parce qu'ils n'utilisent pas les privilèges que Dieu leur a accordés dans le rendez-vous divin de la prière. Pourquoi les fils et les filles de Dieu hésiteraient-ils à prier, alors que la prière est la clé qui, dans la main de la foi, ouvre l'entrepôt du ciel, où sont conservées les ressources illimitées de l'Omnipotence ? Sans une prière incessante et une veille assidue, nous risquons de devenir négligents et de nous écarter du droit chemin. L'adversaire cherche continuellement à obstruer le chemin vers le propitiatoire, afin que nous n'obtenions pas, par une supplication et une foi sincères, la grâce et le pouvoir de résister à la tentation.

Nous pouvons nous attendre à ce que Dieu entende et réponde à nos prières à certaines conditions. L'une des premières est que nous sentions que nous avons besoin de son aide. Il a promis : "Je répandrai de l'eau sur celui qui a soif, et des flots sur la terre sèche". Isaïe 44:3. Ceux qui ont faim et soif de justice, qui aspirent à Dieu, peuvent être sûrs qu'ils seront rassasiés. Le coeur doit être ouvert à l'influence de l'Esprit, sinon la bénédiction de Dieu ne peut être reçue.

Notre grand besoin est lui-même un argument et plaide très éloquemment en notre faveur. Mais c'est au Seigneur qu'il faut s'adresser pour qu'il fasse ces choses pour nous. Il dit : "Demandez, et l'on vous donnera". Et "Celui qui n'a pas épargné son propre Fils, mais qui l'a livré pour nous tous, comment ne nous donnerait-il pas aussi gratuitement toutes choses ?" Matthieu 7:7 ; Romains 8:32.

Si nous portons l'iniquité dans notre cœur, si nous nous accrochons à un péché connu, le Seigneur ne nous écoutera pas ; mais la prière de l'âme pénitente et contrite est toujours acceptée. Lorsque tous les torts connus sont redressés, nous pouvons croire que Dieu répondra à nos demandes. Nos propres mérites ne nous recommanderont jamais à la faveur de Dieu ; c'est la valeur de Jésus qui nous sauvera, son sang qui nous purifiera ; cependant, nous avons un travail à faire pour nous conformer aux conditions d'acceptation.

Un autre élément de la prière dominante est la foi. "Celui qui vient à Dieu doit croire qu'il est, et qu'il est le rémunérateur de ceux qui le cherchent avec ardeur. Hébreux 11:6. Jésus a dit à ses disciples : "Ce que vous désirez, quand vous priez, croyez que vous l'avez reçu, et vous le recevrez." Marc 11:24. Le prenons-nous au mot ?

L'assurance est large et illimitée, et Celui qui a promis est fidèle. Lorsque nous ne recevons pas les choses que nous avons demandées au moment où nous les demandons, nous devons continuer à croire que le Seigneur entend et qu'il répondra à nos prières. Nous sommes tellement errants et myopes que nous demandons parfois des choses qui ne seraient pas une bénédiction pour nous, et notre Père céleste, dans son amour, répond à nos prières en nous donnant ce qui sera pour notre plus grand bien - ce que nous désirerions nous-mêmes si, avec une vision divinement éclairée, nous pouvions voir toutes les choses telles qu'elles sont réellement. Lorsque nos prières semblent ne pas être exaucées, nous devons nous accrocher à la promesse, car le moment de l'exaucement viendra sûrement et nous recevrons la bénédiction dont nous avons le plus besoin. Mais prétendre que la prière sera toujours exaucée de la manière même et pour la chose particulière que nous désirons, c'est de la présomption. Dieu est trop sage pour se tromper, et trop bon pour refuser un bienfait à ceux qui marchent dans la droiture. Ne craignez donc pas de lui faire confiance, même si vous ne voyez pas de réponse immédiate à vos prières. Fiez-vous à sa promesse : "Demandez, et il vous sera donné."

Si nous prenons conseil avec nos doutes et nos craintes, ou si nous essayons de résoudre tout ce que nous ne pouvons pas voir clairement, avant d'avoir la foi, les perplexités ne feront qu'augmenter et s'approfondir. Mais si nous nous approchons de Dieu, en nous sentant impuissants et dépendants, comme nous le sommes réellement, et si, dans une foi humble et confiante, nous faisons connaître nos besoins à Celui dont la connaissance est infinie, qui voit tout dans la création et qui gouverne tout par Sa volonté et Sa parole, Il peut répondre à notre cri et Il le fera, et Il laissera la lumière briller dans nos cœurs. Par la prière sincère, nous sommes mis en contact avec la pensée de l'Infini. Il se peut que nous n'ayons aucune preuve remarquable sur le moment que le visage de notre Rédempteur se penche sur nous en signe de compassion et d'amour, mais il n'en est pas moins ainsi. Nous ne sentons peut-être pas son contact visible, mais sa main est sur nous dans l'amour et la tendresse de la pitié.

Lorsque nous venons demander la miséricorde et la bénédiction de Dieu, nous devons avoir un esprit d'amour et de pardon dans notre propre cœur. Comment pouvons-nous prier : "Remets-nous nos dettes, comme nous les remettons à nos débiteurs", tout en gardant un esprit impitoyable ? Matthieu 6:12. Si nous voulons que nos propres prières soient entendues, nous devons pardonner aux autres de la même manière et dans la même mesure que nous espérons être pardonnés.

La persévérance dans la prière est devenue une condition pour recevoir. Nous devons toujours prier si nous voulons grandir dans la foi et l'expérience. Nous devons être "prompts à la prière", "persévérer dans la prière et veiller sur elle avec des actions de grâces". Romains 12:12 ; Colossiens 4:2. Pierre exhorte les croyants à être "sobres et à veiller à la prière". 1 Pierre 4:7. Paul dit : "Faites connaître à Dieu vos demandes en toutes choses par la prière et la supplication, avec des actions de grâces". Philippiens 4:6. "Mais vous, bien-aimés, dit Jude, priant dans le Saint-Esprit, gardez-vous dans l'amour de Dieu. Jude 20, 21. La prière incessante est l'union ininterrompue de l'âme avec Dieu, de sorte que la vie de Dieu s'écoule dans notre vie ; et de notre vie, la pureté et la sainteté retournent à Dieu.

Il est nécessaire d'être assidu dans la prière ; que rien ne vous en empêche. Faites tous les efforts possibles pour maintenir ouverte la communion entre Jésus et votre propre âme. Recherchez toutes les occasions d'aller là où la prière a l'habitude d'être faite. Ceux qui recherchent vraiment la communion avec Dieu se montreront à la réunion de prière, fidèles à leur devoir, sérieux et désireux de récolter tous les avantages qu'ils peuvent en retirer. Ils profiteront de toutes les occasions pour se placer là où ils peuvent recevoir les rayons de lumière du ciel.

Nous devons prier dans le cercle familial, et surtout ne pas négliger la prière secrète, car elle est la vie de l'âme. Il est impossible que l'âme s'épanouisse si la prière est négligée. La prière familiale ou publique ne suffit pas. Dans la solitude, l'âme doit s'ouvrir au regard de Dieu. La prière secrète ne doit être entendue que par le Dieu qui écoute la prière. Aucune oreille curieuse ne doit recevoir le fardeau de ces demandes. Dans la prière secrète, l'âme est à l'abri des influences environnantes, à l'abri de l'excitation. Calmement, mais avec ferveur, elle tend la main vers Dieu. L'influence émanant de Celui qui voit dans le secret, dont l'oreille est ouverte pour entendre la prière émanant du cœur, sera douce et durable. Par une foi calme et simple, l'âme entre en communion avec Dieu et attire à elle les rayons de la lumière divine pour la fortifier et la soutenir dans le conflit avec Satan. Dieu est notre tour de force.

Priez dans votre cabinet et, en vaquant à vos occupations quotidiennes, laissez votre cœur s'élever souvent vers Dieu. C'est ainsi qu'Enoch a marché avec Dieu. Ces prières silencieuses s'élèvent comme un encens précieux devant le trône de la grâce. Satan ne peut vaincre celui dont le cœur est ainsi fixé sur Dieu.

Il n'y a pas de moment ou de lieu où il est inapproprié d'adresser une requête à Dieu. Rien ne peut nous empêcher d'élever notre cœur dans un esprit de prière sincère. Dans la foule de la rue, au milieu d'un engagement professionnel, nous pouvons adresser une requête à Dieu et implorer sa direction, comme l'a fait Néhémie lorsqu'il a présenté sa demande au roi Artaxerxès. Nous pouvons trouver un lieu de communion où que nous soyons. Nous devrions avoir la porte de notre cœur continuellement ouverte et notre invitation lancée pour que Jésus puisse venir et demeurer comme un hôte céleste dans notre âme.

Même s'il existe autour de nous une atmosphère viciée et corrompue, nous n'avons pas besoin de respirer ses miasmes, mais nous pouvons vivre dans l'air pur du ciel. Nous pouvons fermer toutes les portes aux imaginations impures et aux pensées impies en élevant l'âme dans la présence de Dieu par une prière sincère. Ceux dont le cœur est ouvert pour recevoir le soutien et la bénédiction de Dieu marcheront dans une atmosphère plus sainte que celle de la terre et seront en communion constante avec le ciel.

Nous avons besoin d'avoir une vision plus distincte de Jésus et une compréhension plus complète de la valeur des réalités éternelles. La beauté de la sainteté est de remplir les cœurs des enfants de Dieu ; et pour que cela soit accompli, nous devrions rechercher des révélations divines sur les choses célestes.

Que l'âme soit tirée vers l'extérieur et vers le haut, afin que Dieu nous accorde une bouffée de l'atmosphère céleste. Nous pouvons rester si près de Dieu qu'à chaque épreuve inattendue, nos pensées se tournent vers Lui aussi naturellement que la fleur se tourne vers le soleil.

Gardez vos besoins, vos joies, vos peines, vos soucis et vos craintes devant Dieu. Vous ne pouvez pas l'accabler, vous ne pouvez pas le fatiguer. Celui qui compte les cheveux de votre tête n'est pas indifférent aux besoins de ses enfants. "Le Seigneur est très piteux et d'une grande miséricorde. Jacques 5:11. Son cœur d'amour est touché par nos chagrins et même par les paroles que nous prononçons à leur sujet. Portez-lui tout ce qui vous trouble. Rien n'est trop grand pour qu'Il le supporte, car Il soutient les mondes, Il gouverne toutes les affaires de l'univers. Rien de ce qui concerne notre paix n'est trop petit pour qu'Il le remarque. Il n'y a pas de chapitre de notre expérience qui soit trop sombre pour qu'Il le lise ; il n'y a pas de perplexité qui soit trop difficile à démêler pour Lui. Aucune calamité ne peut frapper le plus petit de ses enfants, aucune inquiétude ne peut harceler l'âme, aucune joie ne peut réjouir, aucune prière sincère ne peut s'échapper des lèvres, sans que notre Père céleste ne s'en aperçoive ou sans qu'il ne s'en préoccupe immédiatement. "Il guérit ceux qui ont le cœur brisé et panse leurs plaies. Psaume 147:3. Les relations entre Dieu et chaque âme sont aussi distinctes et complètes que s'il n'y avait pas une autre âme sur la terre pour partager ses soins, pas une autre âme pour laquelle il a donné son Fils bien-aimé.

Jésus a dit : "Vous demanderez en mon nom ; et je ne vous dis pas que je prierai le Père pour vous, car le Père lui-même vous aime". "Je vous ai choisis afin que tout ce que vous demanderez au Père en mon nom, il vous le donne. Jean 16:26, 27 ; 15:16. Mais prier au nom de Jésus, c'est quelque chose de plus que la simple mention de ce nom au début et à la fin d'une prière. C'est prier dans la pensée et l'esprit de Jésus, tout en croyant à ses promesses, en s'appuyant sur sa grâce et en accomplissant ses œuvres.

Dieu ne veut pas dire que nous devrions tous devenir des ermites ou des moines et nous retirer du monde pour nous consacrer à des actes d'adoration. La vie doit être comme celle du Christ, entre la montagne et la multitude. Celui qui ne fait que prier cessera bientôt de prier, ou bien ses prières deviendront une routine formelle. Lorsque les hommes se retirent de la vie sociale, de la sphère du devoir chrétien et du port de la croix, lorsqu'ils cessent de travailler sérieusement pour le Maître, qui a travaillé sérieusement pour eux, ils perdent le sujet de la prière et n'ont plus d'incitation à la dévotion. Leurs prières deviennent personnelles et égoïstes. Ils ne peuvent pas prier pour les besoins de l'humanité ou pour l'édification du royaume du Christ, en demandant la force de travailler.

Nous subissons une perte lorsque nous négligeons le privilège de nous associer pour nous fortifier et nous encourager les uns les autres dans le service de Dieu. Les vérités de sa Parole perdent de leur vivacité et de leur importance dans notre esprit. Nos cœurs cessent d'être éclairés et stimulés par leur influence sanctifiante, et nous déclinons en spiritualité. Dans notre association en tant que chrétiens, nous perdons beaucoup par manque de sympathie les uns envers les autres. Celui qui se renferme sur lui-même ne remplit pas la fonction que Dieu lui a assignée. En cultivant correctement les éléments sociaux de notre nature, nous entrons en sympathie avec les autres et nous nous développons et nous nous fortifions au service de Dieu.

Si les chrétiens s'associaient pour se parler de l'amour de Dieu et des précieuses vérités de la rédemption, leurs propres cœurs seraient rafraîchis et ils se rafraîchiraient les uns les autres. Il se peut que nous apprenions chaque jour à mieux connaître notre Père céleste, que nous fassions une nouvelle expérience de sa grâce ; nous aurons alors envie de parler de son amour et, ce faisant, nos propres cœurs seront réchauffés et encouragés. Si nous pensions et parlions davantage de Jésus, et moins de nous-mêmes, nous aurions beaucoup plus de sa présence.

Si nous pensions à Dieu aussi souvent que nous avons la preuve qu'il s'occupe de nous, nous le garderions toujours dans nos pensées et nous aurions plaisir à parler de lui et à le louer. Nous parlons des choses temporelles parce qu'elles nous intéressent. Nous parlons de nos amis parce que nous les aimons ; nos joies et nos peines sont liées à eux. Pourtant, nous avons infiniment plus de raisons d'aimer Dieu que d'aimer nos amis terrestres ; ce devrait être la chose la plus naturelle au monde que de le placer au premier rang de nos pensées, de parler de sa bonté et de raconter sa puissance. Les riches dons qu'il nous a accordés ne sont pas destinés à absorber nos pensées et notre amour au point que nous n'ayons plus rien à donner à Dieu ; ils doivent constamment nous rappeler à lui et nous lier par des liens d'amour et de gratitude à notre bienfaiteur céleste. Nous habitons trop près des bas-fonds de la terre. Levons les yeux vers la porte ouverte du sanctuaire d'en haut, où la lumière de la gloire de Dieu brille sur le visage du Christ, qui "peut sauver jusqu'à l'extrême ceux qui s'approchent de Dieu par lui". Hébreux 7:25.

Nous devons louer Dieu davantage "pour sa bonté et pour ses merveilles envers les enfants des hommes". Psaume 107:8. Nos exercices de dévotion ne doivent pas consister uniquement à demander et à recevoir. Ne pensons pas toujours à nos besoins et jamais aux bienfaits que nous recevons. Nous ne prions pas trop, mais nous ne rendons pas assez grâce. Nous sommes les bénéficiaires constants des miséricordes de Dieu, et pourtant, combien peu nous exprimons de gratitude, combien peu nous le louons pour ce qu'il a fait pour nous.

Autrefois, le Seigneur disait à Israël, lorsqu'il se réunissait pour son service : "Vous mangerez devant le Seigneur votre Dieu, et vous vous réjouirez de tout ce à quoi vous mettrez la main, vous et vos familles, et pour lequel le Seigneur ton Dieu t'aura béni". Deutéronome 12:7. Ce qui est fait pour la gloire de Dieu doit être fait avec gaieté, avec des chants de louange et d'action de grâces, et non avec tristesse et morosité.

Notre Dieu est un Père tendre et miséricordieux. Son service ne doit pas être considéré comme un exercice pénible et douloureux. Ce devrait être un plaisir d'adorer le Seigneur et de participer à son œuvre. Dieu ne voudrait pas que ses enfants, pour lesquels un si grand salut a été prévu, agissent comme s'il était un maître d'œuvre dur et exigeant. Il est leur meilleur ami et lorsqu'ils l'adorent, il s'attend à être avec eux, à les bénir et à les réconforter, à remplir leur cœur de joie et d'amour. Le Seigneur désire que ses enfants soient réconfortés par son service et qu'ils trouvent plus de plaisir que de difficultés dans son travail. Il désire que ceux qui viennent l'adorer emportent avec eux de précieuses pensées de sa sollicitude et de son amour, qu'ils soient réconfortés dans toutes les tâches de la vie quotidienne, qu'ils aient la grâce d'agir honnêtement et fidèlement en toutes choses.

Nous devons nous rassembler autour de la croix. Le Christ et sa crucifixion devraient être le thème de notre contemplation, de nos conversations et de nos émotions les plus joyeuses. Nous devrions garder à l'esprit toutes les bénédictions que nous recevons de Dieu, et lorsque nous réalisons son grand amour, nous devrions être prêts à tout confier à la main qui a été clouée à la croix pour nous.

L'âme peut s'approcher du ciel sur les ailes de la louange. Dieu est adoré avec des chants et de la musique dans les cours supérieures, et lorsque nous exprimons notre gratitude, nous nous rapprochons de l'adoration des armées célestes. "Celui qui offre des louanges glorifie Dieu. Psaume 50:23. C'est avec une joie respectueuse que nous nous présentons devant notre Créateur, avec "des actions de grâces et une voix mélodieuse". Isaïe 51:3.

Chapitre 12—Que faire en cas de doute ?

Beaucoup, en particulier les jeunes chrétiens, sont parfois troublés par les suggestions du scepticisme. Il y a dans la Bible beaucoup de choses qu'ils ne peuvent pas expliquer, ni même comprendre, et Satan les utilise pour ébranler leur foi dans les Ecritures en tant que révélation de Dieu. Ils demandent : "Comment vais-je connaître le bon chemin ? Si la Bible est bien la parole de Dieu, comment puis-je être libéré de ces doutes et de ces perplexités ?"

Dieu ne nous demande jamais de croire sans nous donner des preuves suffisantes sur lesquelles fonder notre foi. Son existence, son caractère, la véracité de sa parole sont tous établis par des témoignages qui font appel à notre raison ; et ces témoignages sont abondants. Pourtant, Dieu n'a jamais supprimé la possibilité de douter. Notre foi doit reposer sur des preuves et non sur des démonstrations. Ceux qui veulent douter auront l'occasion de le faire, tandis que ceux qui désirent vraiment connaître la vérité trouveront de nombreuses preuves sur lesquelles appuyer leur foi.

Il est impossible pour des esprits finis de comprendre pleinement le caractère ou les œuvres de l'Infini. Pour l'intellect le plus vif, l'esprit le plus instruit, cet Être saint doit toujours rester enveloppé de mystère. "Peux-tu, en cherchant, trouver Dieu ? Peux-tu trouver le Tout-Puissant jusqu'à la perfection ? Il est aussi haut que le ciel ; que peux-tu faire ? plus profond que l'enfer ; que peux-tu savoir ?" Job 11:7, 8.

L'apôtre Paul s'exclame : "Ô profondeur de la richesse de la sagesse et de la connaissance de Dieu, comme ses jugements sont insondables et ses voies difficiles à découvrir ! Romains 11:33. Mais bien que "les nuages et les ténèbres l'entourent", "la justice et le droit sont les fondements de son trône". Psaume 97:2, R.V. Nous pouvons comprendre jusqu'à un certain point ses relations avec nous et les motifs qui l'animent, de sorte que nous pouvons discerner un amour et une miséricorde sans limites unis à une puissance infinie. Nous pouvons comprendre ses desseins dans la mesure où il est bon de les connaître ; et au-delà, nous devons encore faire confiance à la main toute-puissante et au coeur plein d'amour.

La parole de Dieu, tout comme le caractère de son auteur divin, présente des mystères qui ne pourront jamais être pleinement compris par des êtres finis. L'entrée du péché dans le monde, l'incarnation du Christ, la régénération, la résurrection et bien d'autres sujets présentés dans la Bible sont des mystères trop profonds pour que l'esprit humain puisse les expliquer ou même les comprendre pleinement. Mais nous n'avons aucune raison de douter de la parole de Dieu parce que nous ne pouvons pas comprendre les mystères de sa providence. Dans le monde naturel, nous sommes constamment entourés de mystères qui nous échappent. Les formes de vie les plus humbles posent un problème que le plus sage des philosophes est impuissant à expliquer. Partout, il y a des merveilles qui nous échappent. Faut-il s'étonner que, dans le monde spirituel aussi, il y ait des mystères qui nous échappent ? La difficulté réside uniquement dans la faiblesse et l'étroitesse de l'esprit humain. Dieu nous a donné dans les Ecritures des preuves suffisantes de leur caractère divin, et nous ne devons pas douter de sa parole parce que nous ne pouvons pas comprendre tous les mystères de sa providence.

L'apôtre Pierre dit qu'il y a dans l'Écriture "des choses difficiles à comprendre, que les incultes et les instables déchirent ... pour leur propre perte". 2 Pierre 3:16. Les difficultés de l'Ecriture ont été présentées par les sceptiques comme un argument contre la Bible ; mais loin de là, elles constituent une preuve solide de son inspiration divine. Si elle ne contenait rien d'autre sur Dieu que ce que nous pouvons facilement comprendre, si sa grandeur et sa majesté pouvaient être saisies par des esprits finis, alors la Bible ne porterait pas les lettres de créance indubitables de l'autorité divine. La grandeur et le mystère mêmes des thèmes présentés devraient inspirer la foi en la parole de Dieu.

La Bible expose la vérité avec une simplicité et une adaptation parfaite aux besoins et aux désirs du coeur humain, qui a étonné et charmé les esprits les plus cultivés, tout en permettant aux plus humbles et aux plus incultes de discerner la voie du salut. Et pourtant, ces vérités simplement énoncées traitent de sujets si élevés, si vastes, si infiniment au-delà du pouvoir de la compréhension humaine, que nous ne pouvons les accepter que parce que Dieu les a déclarées. Ainsi, le plan de la rédemption nous est exposé, afin que chaque âme puisse voir les étapes qu'elle doit suivre dans la repentance envers Dieu et la foi envers notre Seigneur Jésus-Christ, afin d'être sauvée de la manière prévue par Dieu ; cependant, sous ces vérités, si facilement comprises, se cachent des mystères qui sont la dissimulation de sa gloire - des mystères qui dépassent l'esprit dans sa recherche, mais qui inspirent au chercheur sincère de la vérité le respect et la foi. Plus il étudie la Bible, plus il est convaincu qu'elle est la parole du Dieu vivant, et la raison humaine s'incline devant la majesté de la révélation divine.

Reconnaître que nous ne pouvons pas comprendre pleinement les grandes vérités de la Bible, c'est simplement admettre que l'esprit fini est inadéquat pour saisir l'infini ; que l'homme, avec ses connaissances humaines limitées, ne peut pas comprendre les desseins de l'Omniscience.

Parce qu'ils ne peuvent en percer tous les mystères, le sceptique et l'infidèle rejettent la parole de Dieu ; et tous ceux qui professent croire à la Bible ne sont pas à l'abri d'un danger sur ce point. L'apôtre dit : "Prenez garde, frères, qu'il n'y ait en quelqu'un de vous un mauvais coeur d'incrédulité, qui s'éloigne du Dieu vivant". Hébreux 3:12. Il est juste d'étudier de près les enseignements de la Bible et de rechercher "les choses profondes de Dieu" dans la mesure où elles sont révélées dans les Ecritures. 1 Corinthiens 2:10. Si "les choses secrètes appartiennent au Seigneur notre Dieu", "les choses révélées nous appartiennent". Deutéronome 29:29. Mais c'est l'œuvre de Satan de pervertir les pouvoirs d'investigation de l'esprit. Un certain orgueil se mêle à la considération de la vérité biblique, de sorte que les hommes se sentent impatients et vaincus s'ils ne peuvent pas expliquer chaque portion de l'Ecriture à leur satisfaction. Il est trop humiliant pour eux de reconnaître qu'ils ne comprennent pas les paroles inspirées. Ils ne veulent pas attendre patiemment que Dieu juge bon de leur révéler la vérité. Ils estiment que leur sagesse humaine spontanée est suffisante pour leur permettre de comprendre l'Ecriture et, faute d'y parvenir, ils en nient virtuellement l'autorité. Il est vrai que de nombreuses théories et doctrines censées découler de la Bible n'ont aucun fondement dans son enseignement et sont même contraires à toute la teneur de l'inspiration. Ces éléments ont suscité le doute et la perplexité dans de nombreux esprits. Elles ne sont cependant pas imputables à la parole de Dieu, mais à la perversion qu'en a fait l'homme.

S'il était possible aux êtres créés d'atteindre une pleine compréhension de Dieu et de ses œuvres, alors, une fois ce point atteint, il n'y aurait plus pour eux de découverte de la vérité, de croissance dans la connaissance, de développement de l'esprit ou du cœur. Dieu ne serait plus suprême et l'homme, ayant atteint la limite de la connaissance et de l'accomplissement, cesserait de progresser. Remercions Dieu qu'il n'en soit pas ainsi. Dieu est infini ; en lui se trouvent "tous les trésors de la sagesse et de la science". Colossiens 2:3. Et jusqu'à la fin des temps, les hommes pourront toujours chercher, apprendre, sans jamais épuiser les trésors de sa sagesse, de sa bonté et de sa puissance.

Dieu veut que, même dans cette vie, les vérités de sa parole soient toujours révélées à son peuple. Il n'y a qu'une seule façon d'obtenir cette connaissance. Nous ne pouvons parvenir à une compréhension de la parole de Dieu que par l'illumination de l'Esprit par lequel la parole a été donnée. "Personne ne connaît les choses de Dieu, si ce n'est l'Esprit de Dieu ; car l'Esprit sonde toutes choses, même les choses profondes de Dieu. 1 Corinthiens 2:11, 10. Et la promesse du Sauveur à ses disciples était : "Quand il sera venu, lui, l'Esprit de vérité, il vous conduira dans toute la vérité..... Car il recevra de moi ce que j'ai reçu, et il vous le fera connaître." Jean 16:13, 14.

Dieu désire que l'homme exerce son pouvoir de raisonnement et l'étude de la Bible fortifie et élève l'esprit comme aucune autre étude ne peut le faire. Cependant, nous devons nous garder de déifier la raison, qui est sujette à la faiblesse et à l'infirmité de l'humanité. Si nous ne voulons pas que les Ecritures soient obscurcies pour notre compréhension, de sorte que les vérités les plus claires ne soient pas comprises, nous devons avoir la simplicité et la foi d'un petit enfant, prêt à apprendre et implorant l'aide du Saint-Esprit. Le sentiment de la puissance et de la sagesse de Dieu, et de notre incapacité à comprendre sa grandeur, devrait nous inspirer de l'humilité, et nous devrions ouvrir sa parole, comme nous entrerions en sa présence, avec une sainte crainte. Lorsque nous arrivons à la Bible, la raison doit reconnaître une autorité supérieure à elle-même, et le coeur et l'intellect doivent s'incliner devant le grand JE SUIS.

Il y a beaucoup de choses apparemment difficiles ou obscures que Dieu rendra claires et simples pour ceux qui cherchent à les comprendre. Mais sans la direction du Saint-Esprit, nous risquons continuellement de déformer les Ecritures ou de mal les interpréter. Une grande partie de la lecture de la Bible est sans profit et, dans de nombreux cas, elle est même préjudiciable. Lorsque la parole de Dieu est ouverte sans révérence et sans prière, lorsque les pensées et les affections ne sont pas fixées sur Dieu ou en harmonie avec sa volonté, l'esprit est obscurci par les doutes et, dans l'étude même de la Bible, le scepticisme se renforce. L'ennemi prend le contrôle des pensées et suggère des interprétations qui ne sont pas correctes. Chaque fois que les hommes ne cherchent pas, en paroles et en actes, à être en harmonie avec Dieu, alors, quelle que soit leur érudition, ils sont susceptibles de se tromper dans leur compréhension de l'Ecriture, et il n'est pas prudent de se fier à leurs explications. Ceux qui cherchent dans les Ecritures des divergences n'ont pas de perspicacité spirituelle. Avec une vision déformée, ils verront de nombreuses causes de doute et d'incrédulité dans des choses qui sont en réalité simples et évidentes.

On peut le déguiser comme on veut, mais la véritable cause du doute et du scepticisme, dans la plupart des cas, est l'amour du péché. Les enseignements et les restrictions de la parole de Dieu ne sont pas les bienvenus pour les cœurs orgueilleux et aimant le péché, et ceux qui ne sont pas disposés à obéir à ses exigences sont prêts à douter de son autorité. Pour parvenir à la vérité, nous devons avoir un désir sincère de connaître la vérité et une volonté de cœur pour y obéir. Tous ceux qui étudient la Bible dans cet esprit trouveront de nombreuses preuves qu'elle est la parole de Dieu, et ils pourront acquérir une compréhension de ses vérités qui les rendra sages à salut.

Le Christ a dit : "Si quelqu'un veut faire sa volonté, il connaîtra l'enseignement." Jean 7:17, R.V. Au lieu d'interroger et de critiquer ce que vous ne comprenez pas, tenez compte de la lumière qui brille déjà sur vous, et vous recevrez une plus grande lumière. Par la grâce du Christ, accomplissez tous les devoirs qui ont été rendus clairs à votre intelligence, et vous serez en mesure de comprendre et d'accomplir ceux dont vous doutez maintenant.

Il y a une preuve qui est accessible à tous, aux plus instruits comme aux plus illettrés, la preuve de l'expérience. Dieu nous invite à prouver par nous-mêmes la réalité de sa parole, la vérité de ses promesses. Il nous demande de "goûter et de voir que l'Eternel est bon". Psaume 34:8. Au lieu de dépendre de la parole d'un autre, nous devons goûter par nous-mêmes. Il déclare : "Demandez, et vous recevrez". Jean 16:24. Ses promesses s'accompliront. Elles n'ont jamais failli, elles ne pourront jamais faillir. Et lorsque nous nous approchons de Jésus et que nous nous réjouissons de la plénitude de son amour, nos doutes et nos ténèbres disparaissent à la lumière de sa présence.

L'apôtre Paul dit que Dieu "nous a délivrés de la puissance des ténèbres, et nous a transportés dans le royaume de son Fils bien-aimé". Colossiens 1:13. Et quiconque est passé de la mort à la vie peut "marquer de son sceau que Dieu est vrai". Jean 3:33. Il peut témoigner : "J'avais besoin d'aide et je l'ai trouvée en Jésus. Tous mes besoins ont été comblés, la faim de mon âme a été satisfaite, et maintenant la Bible est pour moi la révélation de Jésus-Christ. Vous demandez pourquoi je crois en Jésus ? Parce qu'il est pour moi un Sauveur divin. Pourquoi est-ce que je crois en la Bible ? Parce que j'ai trouvé qu'elle était la voix de Dieu pour mon âme". Nous pouvons avoir le témoignage en nous-mêmes que la Bible est vraie, que le Christ est le Fils de Dieu. Nous savons que nous ne suivons pas des fables astucieusement conçues.

Pierre exhorte ses frères à "croître dans la grâce et dans la connaissance de notre Seigneur et Sauveur Jésus-Christ". 2 Pierre 3:18. Lorsque le peuple de Dieu croît dans la grâce, il obtient constamment une compréhension plus claire de sa parole. Il discernera de nouvelles lumières et de nouvelles beautés dans ses vérités sacrées. Il en a été ainsi dans l'histoire de l'Eglise à toutes les époques, et il en sera ainsi jusqu'à la fin. "Le sentier des justes est comme la lumière de l'aurore, qui brille de plus en plus jusqu'au jour parfait. Proverbes 4:18, R.V., marge.

Par la foi, nous pouvons regarder vers l'au-delà et saisir la promesse de Dieu d'un développement de l'intellect, les facultés humaines s'unissant au divin, et chaque pouvoir de l'âme étant mis en contact direct avec la Source de la lumière. Nous pouvons nous réjouir de ce que tout ce qui nous a laissé perplexes dans les providences de Dieu sera alors rendu clair, que les choses difficiles à comprendre trouveront alors une explication, et que là où nos esprits finis n'ont découvert que confusion et desseins brisés, nous verrons l'harmonie la plus parfaite et la plus belle. "Maintenant nous voyons à travers un verre obscur, mais alors face à face ; maintenant je connais en partie, mais alors je connaîtrai comme je suis connu. 1 Corinthiens 13:12.

Chapitre 13—Se réjouir dans le Seigneur

Les enfants de Dieu sont appelés à être les représentants du Christ, en montrant la bonté et la miséricorde du Seigneur. De même que Jésus nous a révélé le vrai caractère du Père, de même nous devons révéler le Christ à un monde qui ne connaît pas son amour tendre et compatissant. "Comme tu m'as envoyé dans le monde, dit Jésus, je les ai aussi envoyés dans le monde. "Je suis en eux, et tu es en moi, afin que le monde connaisse que tu m'as envoyé. Jean 17:18, 23. L'apôtre Paul dit aux disciples de Jésus : "Vous êtes manifestement déclarés être l'épître du Christ", "connue et lue de tous les hommes". 2 Corinthiens 3:3, 2. En chacun de ses enfants, Jésus envoie une lettre au monde. Si vous êtes un disciple du Christ, il envoie en vous une lettre à la famille, au village, à la rue où vous vivez. Jésus, qui habite en vous, désire parler au cœur de ceux qui ne le connaissent pas. Peut-être ne lisent-ils pas la Bible, ou n'entendent-ils pas la voix qui leur parle dans ses pages ; ils ne voient pas l'amour de Dieu à travers ses œuvres. Mais si vous êtes un véritable représentant de Jésus, il se peut qu'à travers vous, ils soient amenés à comprendre quelque chose de sa bonté et qu'ils soient gagnés à l'aimer et à le servir.

Les chrétiens sont des porteurs de lumière sur le chemin du ciel. Ils doivent refléter au monde la lumière du Christ qui brille sur eux. Leur vie et leur caractère doivent être tels qu'à travers eux, les autres auront une idée juste du Christ et de son service.

Si nous représentons le Christ, nous ferons en sorte que son service soit attrayant, comme il l'est réellement. Les chrétiens qui accumulent la morosité et la tristesse dans leur âme, qui murmurent et se plaignent, donnent aux autres une fausse représentation de Dieu et de la vie chrétienne. Ils donnent l'impression que Dieu n'aime pas que ses enfants soient heureux, et en cela ils portent un faux témoignage contre notre Père céleste.

Satan exulte lorsqu'il peut conduire les enfants de Dieu à l'incrédulité et au découragement. Il se réjouit de nous voir nous méfier de Dieu, douter de sa volonté et de son pouvoir de nous sauver. Il aime nous faire croire que le Seigneur nous fera du mal par ses providences. C'est l'œuvre de Satan de représenter le Seigneur comme étant dépourvu de compassion et de pitié. Il déforme la vérité à son sujet. Il remplit l'imagination de fausses idées concernant Dieu ; et au lieu de nous arrêter sur la vérité concernant notre Père céleste, nous fixons trop souvent notre esprit sur les fausses représentations de Satan et déshonorons Dieu en nous méfiant de lui et en murmurant contre lui. Satan cherche toujours à rendre la vie religieuse morose. Il veut qu'elle paraisse pénible et difficile ; et lorsque le chrétien présente dans sa propre vie cette vision de la religion, il seconde, par son incrédulité, la fausseté de Satan.

Nombreux sont ceux qui, marchant sur le chemin de la vie, ressassent leurs erreurs, leurs échecs et leurs déceptions, et leur cœur est rempli de chagrin et de découragement. Alors que j'étais en Europe, une sœur qui avait agi de la sorte et qui se trouvait dans une profonde détresse m'a écrit pour me demander un mot d'encouragement. La nuit suivant la lecture de sa lettre, j'ai rêvé que j'étais dans un jardin et que celui qui semblait être le propriétaire du jardin me conduisait à travers ses allées. Je cueillais les fleurs et jouissais de leur parfum, lorsque cette sœur, qui marchait à mes côtés, attira mon attention sur des ronces disgracieuses qui entravaient son chemin. Elle se lamentait et s'affligeait. Elle ne marchait pas dans le sentier, en suivant le guide, mais elle marchait parmi les ronces et les épines. "Elle se lamentait : "N'est-ce pas dommage que ce beau jardin soit gâché par les épines ? Le guide lui dit alors : "Laisse les épines, elles ne feront que te blesser. Cueillez les roses, les lys et les roses".

N'y a-t-il pas eu des points lumineux dans votre expérience ? N'avez-vous pas connu des périodes précieuses où votre cœur palpitait de joie en réponse à l'Esprit de Dieu ? Lorsque vous vous penchez sur les chapitres de votre vie, n'y trouvez-vous pas des pages agréables ? Les promesses de Dieu ne sont-elles pas, comme les fleurs odorantes, en train de pousser de tous côtés le long de votre chemin ? Ne laisses-tu pas leur beauté et leur douceur remplir ton cœur de joie ?

Les ronces et les épines ne feront que vous blesser et vous affliger ; et si vous ne recueillez que ces choses et les présentez aux autres, n'est-ce pas, outre que vous méconnaissez vous-même la bonté de Dieu, que vous empêchez ceux qui vous entourent de marcher dans le sentier de la vie ?

Il n'est pas sage de rassembler tous les souvenirs désagréables d'une vie passée, ses iniquités et ses déceptions, d'en parler et de les pleurer jusqu'à ce que nous soyons accablés par le découragement. Une âme découragée est remplie de ténèbres, elle ferme la lumière de Dieu à son âme et jette une ombre sur le chemin des autres.

Remercions Dieu pour les images lumineuses qu'il nous a présentées. Regroupons les bienheureuses assurances de son amour, afin de pouvoir les contempler continuellement : Le Fils de Dieu quittant le trône de son Père, revêtant sa divinité de l'humanité, afin d'arracher l'homme au pouvoir de Satan ; son triomphe en notre faveur, ouvrant le ciel aux hommes, révélant à la vision humaine la chambre de présence où la Divinité dévoile sa gloire ; la race déchue arrachée au gouffre de la ruine dans lequel le péché l'avait plongée ; La race déchue soulevée du gouffre de ruine dans lequel le péché l'avait plongée, remise en contact avec le Dieu infini, ayant subi l'épreuve divine par la foi en notre Rédempteur, revêtue de la justice du Christ et exaltée sur son trône, telles sont les images que Dieu voudrait que nous contemplions.

Lorsque nous semblons douter de l'amour de Dieu et nous méfier de ses promesses, nous le déshonorons et nous attristons son Saint-Esprit. Comment se sentirait une mère si ses enfants se plaignaient constamment d'elle, comme si elle ne leur voulait pas du bien, alors que toute sa vie a été consacrée à promouvoir leurs intérêts et à leur apporter du réconfort ? Supposons qu'ils doutent de son amour, cela lui briserait le cœur. Comment un parent se sentirait-il traité de la sorte par ses enfants ? Et comment notre Père céleste peut-il nous considérer si nous nous méfions de son amour, qui l'a conduit à donner son Fils unique pour que nous ayons la vie ? L'apôtre écrit : "Celui qui n'a pas épargné son propre Fils, mais qui l'a livré pour nous tous, comment ne nous donnerait-il pas aussi gratuitement toutes choses ? Romains 8:32. Et pourtant, combien de personnes, par leurs actions, sinon par leurs paroles, disent : "Le Seigneur ne veut pas cela pour moi. Il aime peut-être les autres, mais il ne m'aime pas".

Tout cela nuit à votre propre âme, car chaque mot de doute que vous prononcez invite les tentations de Satan ; il renforce en vous la tendance à douter, et il éloigne de vous les anges gardiens. Lorsque Satan vous tente, ne soufflez pas un mot de doute ou de ténèbres. Si vous choisissez d'ouvrir la porte à ses suggestions, votre esprit sera rempli de méfiance et de questions rebelles. Si vous exprimez vos sentiments, chaque doute que vous exprimez ne réagit pas seulement sur vous-même, mais c'est une graine qui germera et portera du fruit dans la vie des autres, et il sera peut-être impossible de contrecarrer l'influence de vos paroles. Vous pouvez vous-même vous remettre de la saison de la tentation et du piège de Satan, mais les autres qui ont été influencés par vos paroles ne pourront peut-être pas échapper à l'incrédulité que vous avez suggérée. Comme il est important que nous ne parlions que des choses qui donnent de la force et de la vie spirituelles !

Les anges écoutent pour savoir quel genre de rapport vous faites au monde au sujet de votre Maître céleste. Que votre conversation soit celle de Celui qui vit pour intercéder en votre faveur auprès du Père. Lorsque vous prenez la main d'un ami, que la louange de Dieu soit sur vos lèvres et dans votre cœur. Cela attirera ses pensées vers Jésus.

Tous ont des épreuves, des chagrins difficiles à supporter, des tentations auxquelles il est difficile de résister. Ne parlez pas de vos problèmes à vos semblables, mais portez tout à Dieu dans la prière. Prenez pour règle de ne jamais prononcer un seul mot de doute ou de découragement. Vous pouvez faire beaucoup pour égayer la vie des autres et renforcer leurs efforts, par des paroles d'espoir et de sainteté.

Il y a beaucoup d'âmes courageuses qui sont durement pressées par la tentation, presque prêtes à s'évanouir dans le conflit avec elles-mêmes et avec les puissances du mal. Ne découragez pas une telle personne dans sa lutte acharnée.

Encouragez-le par des paroles courageuses et pleines d'espoir qui l'inciteront à poursuivre son chemin. C'est ainsi que la lumière du Christ peut briller en vous. "Aucun de nous ne vit pour lui-même. Romains 14:7. Par notre influence inconsciente, les autres peuvent être encouragés et fortifiés, ou ils peuvent être découragés et repoussés de Christ et de la vérité.

Nombreux sont ceux qui se font une idée erronée de la vie et du caractère du Christ. Ils pensent qu'il était dépourvu de chaleur et de soleil, qu'il était sévère et sans joie. Dans de nombreux cas, toute l'expérience religieuse est colorée par ces vues sombres.

On dit souvent que Jésus a pleuré, mais qu'il n'a jamais souri. Notre Sauveur était en effet un homme de douleur et connaissait le chagrin, car il a ouvert son cœur à tous les malheurs des hommes. Mais bien que sa vie ait été marquée par l'abnégation et l'ombre de la douleur et du souci, son esprit n'a pas été écrasé. Son visage ne portait pas l'expression du chagrin et du regret, mais toujours celle d'une sérénité paisible. Son cœur était une source de vie, et partout où il allait, il portait le repos et la paix, la joie et l'allégresse.

Notre Sauveur était profondément sérieux, mais jamais sombre ou morose. La vie de ceux qui l'imitent sera pleine d'intentions sérieuses ; ils auront un sens profond de leur responsabilité personnelle. La légèreté sera réprimée ; il n'y aura pas de gaieté tapageuse, pas de plaisanterie grossière ; mais la religion de Jésus donne la paix comme un fleuve. Elle n'éteint pas la lumière de la joie ; elle ne restreint pas la gaieté et n'assombrit pas le visage ensoleillé et souriant. Le Christ n'est pas venu pour être servi, mais pour servir ; et lorsque son amour règne dans le coeur, nous suivons son exemple.

Si nous gardons à l'esprit les actes méchants et injustes des autres, il nous sera impossible de les aimer comme le Christ nous a aimés ; mais si nos pensées s'attardent sur l'amour merveilleux et la pitié du Christ pour nous, le même esprit se répandra sur les autres. Nous devrions nous aimer et nous respecter les uns les autres, malgré les défauts et les imperfections que nous ne pouvons nous empêcher de voir. Il faut cultiver l'humilité et la méfiance envers soi-même, ainsi qu'une patiente tendresse pour les défauts des autres. Cela éliminera tout égoïsme étroit et nous rendra généreux et au grand cœur.

Le psalmiste dit : "Confie-toi en l'Éternel et fais le bien ; tu habiteras dans le pays, et tu seras nourri". Psaume 37:3. "Confiance en l'Éternel. Chaque jour a ses fardeaux, ses soucis et ses perplexités ; et lorsque nous nous rencontrons, comme nous sommes prêts à parler de nos difficultés et de nos épreuves. Tant d'ennuis empruntés s'immiscent, tant de craintes sont entretenues, tant d'anxiété est exprimée, que l'on pourrait supposer que nous n'avons pas de Sauveur compatissant et aimant prêt à entendre toutes nos requêtes et à être pour nous une aide présente dans tous les moments de besoin.

Certains sont toujours dans la crainte et empruntent des ennuis. Chaque jour, ils sont entourés des marques de l'amour de Dieu ; chaque jour, ils jouissent des bienfaits de sa providence ; mais ils négligent ces bénédictions présentes. Leur esprit s'attarde continuellement sur quelque chose de désagréable qu'ils craignent de voir arriver, ou sur quelque difficulté réelle qui, bien que minime, aveugle leurs yeux sur les nombreuses choses qui exigent de la gratitude. Les difficultés qu'ils rencontrent, au lieu de les pousser vers Dieu, l'unique source de leur aide, les éloignent de Lui parce qu'elles éveillent en eux l'inquiétude et le regret.

Avons-nous intérêt à être aussi incrédules ? Pourquoi devrions-nous être ingrats et méfiants ? Jésus est notre ami ; le ciel tout entier s'intéresse à notre bien-être. Nous ne devrions pas permettre aux perplexités et aux soucis de la vie quotidienne de troubler notre esprit et d'assombrir notre front. Si nous le faisons, nous aurons toujours quelque chose à redire et à ennuyer. Nous ne devons pas nous laisser aller à une sollicitude qui ne fait que nous énerver et nous fatiguer, mais qui ne nous aide pas à supporter les épreuves.

Vous pouvez être perplexe dans vos affaires, vos perspectives peuvent s'assombrir de plus en plus et vous pouvez être menacé de perte ; mais ne vous découragez pas ; remettez vos soucis à Dieu, et restez calme et joyeux. Priez pour obtenir la sagesse de gérer vos affaires avec discrétion et d'éviter ainsi les pertes et les désastres. Faites tout ce que vous pouvez de votre côté pour obtenir des résultats favorables. Jésus a promis son aide, mais pas sans nos efforts. Lorsque vous avez fait tout ce que vous pouviez, en vous appuyant sur notre aide, acceptez le résultat avec joie.

Ce n'est pas la volonté de Dieu que son peuple soit accablé de soucis. Mais notre Seigneur ne nous trompe pas. Il ne nous dit pas : "Ne crains rien, il n'y a pas de danger sur ton chemin". Il sait qu'il y a des épreuves et des dangers, et il s'adresse à nous sans détour. Il ne propose pas de retirer son peuple d'un monde de péché et de mal, mais il lui indique un refuge infaillible. Sa prière pour ses disciples était la suivante : "Je ne te prie pas de les retirer du monde, mais de les préserver du mal". "Il dit : "Dans le monde, vous aurez des tribulations ; mais prenez courage, j'ai vaincu le monde." Jean 17:15 ; 16:33.

Dans son sermon sur la montagne, le Christ a enseigné à ses disciples de précieuses leçons sur la nécessité de faire confiance à Dieu. Ces leçons étaient destinées à encourager les enfants de Dieu à travers tous les âges, et elles sont parvenues jusqu'à nous, pleines d'instruction et de réconfort. Le Sauveur a montré à ses disciples les oiseaux du ciel qui chantent leurs louanges, sans s'encombrer de soucis, car "ils ne sèment ni ne moissonnent". Et pourtant, le grand Père pourvoit à leurs besoins. Le Sauveur demande : "Ne valez-vous pas beaucoup mieux qu'eux ?" Matthieu 6:26. Le grand pourvoyeur d'hommes et de bêtes ouvre sa main et approvisionne toutes ses créatures. Les oiseaux du ciel ne sont pas en reste. Il ne dépose pas la nourriture dans leurs becs, mais il pourvoit à leurs besoins. Ils doivent récolter les grains qu'Il a dispersés pour eux. Ils doivent préparer les matériaux pour leurs petits nids. Elles doivent nourrir leurs petits. Ils s'en vont en chantant à leur travail, car "votre Père céleste les nourrit". Et "n'êtes-vous pas bien meilleurs qu'eux ?" N'êtes-vous pas, en tant qu'adorateurs intelligents et spirituels, plus précieux que les oiseaux du ciel ? L'Auteur de notre être, le Préservateur de notre vie, Celui qui nous a formés à son image divine, ne pourvoira-t-il pas à nos besoins si nous nous en remettons à lui ?

Le Christ a montré à ses disciples les fleurs des champs, qui poussent en abondance et brillent par la beauté simple que le Père céleste leur a donnée, comme expression de son amour pour l'homme. Il dit : "Considérez les lis des champs, comme ils croissent." La beauté et la simplicité de ces fleurs naturelles surpassent de loin la splendeur de Salomon. Les vêtements les plus somptueux produits par l'art ne peuvent être comparés à la grâce naturelle et à la beauté rayonnante des fleurs de la création de Dieu. Jésus demande : "Si Dieu habille ainsi l'herbe des champs, qui est aujourd'hui, et qui demain sera jetée au four, ne vous habillera-t-il pas à plus forte raison, gens de peu de foi ? Matthieu 6:28, 30. Si Dieu, l'Artiste divin, donne aux simples fleurs qui périssent en un jour leurs couleurs délicates et variées, quel soin plus grand aura-t-il pour ceux qui sont créés à son image ? Cette leçon du Christ est une réprimande pour les pensées anxieuses, les perplexités et les doutes du coeur incrédule.

Le Seigneur voudrait que tous ses fils et toutes ses filles soient heureux, paisibles et obéissants. Jésus dit : "Je vous donne ma paix ; je ne vous la donne pas comme le monde la donne. Que votre cœur ne se trouble pas et ne s'effraie pas." "Je vous ai dit ces choses, afin que ma joie demeure en vous, et que votre joie soit parfaite. Jean 14:27 ; 15:11.

Le bonheur que l'on recherche par des motifs égoïstes, en dehors du chemin du devoir, est mal équilibré, éphémère et transitoire ; il passe, et l'âme est remplie de solitude et de tristesse ; mais il y a joie et satisfaction dans le service de Dieu ; le chrétien n'est pas abandonné à des chemins incertains ; il n'est pas abandonné à de vains regrets et à des déceptions. Si nous n'avons pas les plaisirs de cette vie, nous pouvons encore nous réjouir en regardant la vie de l'au-delà.

Mais même ici, les chrétiens peuvent avoir la joie de la communion avec le Christ ; ils peuvent avoir la lumière de son amour, le réconfort perpétuel de sa présence. Chaque pas dans la vie peut nous rapprocher de Jésus, nous donner une expérience plus profonde de son amour et nous rapprocher un peu plus de la maison bénie de la paix. Alors ne perdons pas notre confiance, mais ayons une assurance ferme, plus ferme que jamais. "L'Éternel nous a aidés jusqu'à présent, et il nous aidera jusqu'à la fin. 1 Samuel 7:12. Regardons les piliers monumentaux, qui nous rappellent ce que le Seigneur a fait pour nous réconforter et nous sauver de la main du destructeur. Gardons en mémoire toutes les tendres miséricordes que Dieu nous a témoignées, les larmes qu'il a essuyées, les douleurs qu'il a apaisées, les inquiétudes dissipées, les craintes dissipées, les besoins comblés, les bénédictions accordées, nous fortifiant ainsi pour tout ce qui nous attend jusqu'à la fin de notre pèlerinage.

Nous ne pouvons que nous attendre à de nouvelles perplexités dans le conflit à venir, mais nous pouvons regarder ce qui s'est passé et ce qui va se passer, et dire : "Jusqu'à présent, le Seigneur nous a aidés. "Ta force sera d'autant plus grande que tu auras de jours. Deutéronome 33:25. L'épreuve ne dépassera pas la force qui nous sera donnée pour la supporter. Reprenons donc notre travail là où nous l'avons trouvé, persuadés que, quoi qu'il arrive, une force proportionnelle à l'épreuve nous sera donnée.

Les portes du ciel s'ouvriront bientôt pour accueillir les enfants de Dieu et, des lèvres du Roi de gloire, la bénédiction tombera sur leurs oreilles comme une riche musique : "Venez, les bénis de mon Père, recevez en héritage le royaume qui vous a été préparé dès la fondation du monde". Matthieu 25:34.

Les rachetés seront alors accueillis dans la maison que Jésus leur prépare. Là, leurs compagnons ne seront pas les vils de la terre, les menteurs, les idolâtres, les impurs et les incrédules ; mais ils fréquenteront ceux qui ont vaincu Satan et qui, par la grâce divine, ont formé des caractères parfaits. Toutes les tendances au péché, toutes les imperfections qui les affligent ici ont été éliminées par le sang du Christ, et l'excellence et l'éclat de sa gloire, qui dépasse de beaucoup l'éclat du soleil, leur sont conférés. Et la beauté morale, la perfection de son caractère, brille à travers eux, d'une valeur qui dépasse de loin cette splendeur extérieure. Ils sont irréprochables devant le grand trône blanc, partageant la dignité et les privilèges des anges.

En vue de l'héritage glorieux qui peut être le sien, "qu'est-ce qu'un homme donnera en échange de son âme ? Matthieu 16:26. Il peut être pauvre, mais il possède en lui-même une richesse et une dignité que le monde ne pourrait jamais lui accorder. L'âme rachetée et purifiée du péché, avec toutes ses nobles forces consacrées au service de Dieu, est d'une valeur inestimable ; et il y a de la joie au ciel, en présence de Dieu et des saints anges, pour une âme rachetée, une joie qui s'exprime dans des chants de triomphe sacrés.

Livres disponibles sur Amazon :

1. Tous les livres de la série : Le Grand Conflit en grand format (A4).
2. Daniel et Révélation Urias Smith en Grande taille (8.5 * 11).
3. L'histoire de la rédemption en grand format (A4).
4. Les terroristes secrets, Bill Hughes.
5. La christologie dans les écrits d'Ellen G. White, Ralph Larson.
6. 1888 Réexaminé, Robert Wieland.
7. Introduction au message de 1888, Robert Wieland.
8. Le profil de la crise à venir (Compilation des événements finaux) D. E. Mansell.
9. Préparation à la crise finale Fernando Chaij
10. La voie consacrée vers la perfection chrétienne, A. T. Jones.
11. Lessons on Faith, Jones & Waggoner.
12. Le message du troisième ange, Jones.
13. L'Évangile dans les Galates, Waggoner.
14. Touchés par nos sentiments, Jean Zurcher.
15. Le Verbe s'est fait chair, Ralph Larson.

BEAUCOUP D'AUTRES À VENIR SUR ! !!!!!

N'OUBLIEZ PAS QUE NOUS DISPOSONS D'UN CATALOGUE DE LIVRES

QUI PEUT ÊTRE DEMANDÉE SI VOUS NOUS CONTACTEZ À L'ADRESSE ÉLECTRONIQUE

*Si vous souhaitez bénéficier de remises, celles-ci ne peuvent être accordées que sur une commande minimum de 25 livres ou plus, qu'il s'agisse d'exemplaires uniques de différents livres ou d'une vente en gros. Veuillez nous contacter à notre adresse électronique :

lsdistribution07@gmail.com

www.ingramcontent.com/pod-product-compliance
Lightning Source LLC
LaVergne TN
LVHW051953060526
838201LV00059B/3621